T0207582

Printed in the United States
By Bookmasters

علم النفس الأدبي

الدكتور ابراهيم فضل اللـه

علم النفس الأدبي
مع نصوص تطبيقية

دار الفارابي

الكتاب: علم النفس الأدبي
تأليف: الدكتور ابراهيم فضل الـلـه
الغلاف: فارس غصوب

الناشر: دار الفارابي ـ بيروت ـ لبنان
ت: 301461(01) ـ فاكس: 307775(01)
ص.ب: 11/3181 ـــ الرمز البريدي: 2130 1107
e-mail: info@dar-alfarabi.comwww.dar-alfarabi.com
الطبعة الأولى 2011
ISBN: 978-9953-71-668-8

الإهداء

إلى كل من يجاهد دياجير نفسه وينيرها بروح العلم.

المقدمة

يشغل الفن وضعية عبور مؤقت تعبر عن حيز من الوهم، كما أنه يجيز التمتع بلذة ممنوعة ومتحولة ناجمة عن مجموعة من الأشياء التي تمثلها ولا تمثلها.

إن السحر والإغواء لكل عمل فني يقومان بتأثير يقضي بتعطيل عمل الكبت، وتحويل اتجاه المرور إلى الوعي بالمقارنة بذلك الاتجاه الموصوف بحالة الجرم، والمعاقب بالممنوع، والذي يشكل العوارض على الرغم من أنه ينظم الفضاء الجمالي بصفته حلا مؤقتا لمسائل يطرحها الوضع الإنساني بين الحل الفردي المنجز والمتعلق بالعصاب، وبين الحل الجماعي والمتسامي مع الدين.

إن الفن هو المضمار الوحيد الذي بقيت فيه كلية قدرة الأفكار قائمة إلى يومنا هذا، وفي الفن وحده يتفق للإنسان الذي تقض الرغائب مضجعه أن يفعل شيئا يشبه الإشباع، وبفضل الوهم الفني تؤتي هذه اللعبة المفاعيل الوجدانية عينها التي كانت ستأتي فيما لو كان الأمر حقيقيا، ومن المناسب أن نتكلم عن سحر الفن، وأن نقارن بين الفنان والساحر، ويعتبر فرويد أن الفن لم يبدأ (فنا للفن)، وإنما كان يعمل في بادئ أمره في خدمة ميول زالت اليوم وانطفأ معظمها، وبالانتقال إلى الفن الأدبي فإن المواضيع الاستيهامية ذات الاتجاه الجمالي تكون موجودة في الوعي، وما قبل الوعي، ومن ثم يتم فرزها وإبرازها، وهي ليست قابعة في العزلة الخاصة بأحلام اليقظة، وذلك لا يعني أنها تتحاشى التصور النرجسي الخاص بهذا النوع من التشكلات، وهي لا تغيب عن الشخص حتى يعثر عليها مرة ثانية، وهي ذات قيمة مثيرة للإعجاب من قبل

الآخر (الجمهور) الذي يضمها إلى حسابه ويدخلها نرجسيته كقارئ، وهنا نصادف مثال الأنا، ثم يظهر توظيف الإنتاج الجمالي على هيئة «نرجسية مزدوجة»، وأبرز ما يعبر عن أهمية النرجسية الصورة الاستيهامية التي ترسخ في البنية الذهنية الفردية، وهي الرجوع إلى «حضن الأم»، وهذه الصورة هي التي تسم الوضعية النرجسية.

تتحول الرغبة في الشيء إلى شيء آخر عندما يخسر الشخص اللذة التي يجنيها من هذه الرغبة، ومثال على ذلك تبادل الهدف الجنسي مقابل هدف متسام، والنرجسية تكسب الجولة جزئيا حين تكون البنية النرجسية خاضعة للآخر، وبهذا الخصوص تستحق مواضيع الإبداع الفني صفة ما تتعدى النرجسي، ويحصل ذلك عندما يتم تفعيل التواصل بين نرجسية المنتج، ونرجسية المستهلك من خلال العمل الأدبي ([1]).

---

[1] يكون موضع الحب في النرجسية موجها إلى الذات، وتتم المبالغة في تقييم صفات جسم المرء الخاص، ويتخذ جسمه موضوعا لحبه، وتتخذ المرحلة النرجسية نمطين، هما:

أ ـ النمط النرجسي: ويكون اختيار الأنا لشخص يشبهه بقدر المستطاع، فيجعله موضوعا لحبه بدلا من ذاته.

ب ـ النمط التكافلي: يكون في اختيار الشخص لأشخاص يعتمد عليهم ويكفلون له إشباع حاجاته، ويميل الرجل عموما إلى النمط التكافلي، فيستمد اختياره للموضوع من نرجسيته الطفولية، ولذلك يبالغ في تقديره للموضوع، وهذه المبالغة هي أصل هذه الحالة المتميزة من الحب التي تختص بالرجال من دون النساء، ويحصل العكس تماما مع النساء المتسمات بالأنوثة المفرطة، ومع البلوغ تنضج أعضاء المرأة الجنسية بعد أن تكون قبل ذلك في حالة كمون، وفي هذه الحالة الجديدة تنشغل المرأة بها، وتكون محط اهتماماتها، وتوقظ فيها نرجسيتها الطفولية، فتتحول إلى جسمها وخصوصا إذا كانت جميلة، وأمثال هؤلاء الجميلات يعشقن أنفسهن بدرجة كبيرة، تماثل وله الرجال في حبهن، ويتوجه اهتمام هؤلاء النسوة إلى طلب الحب وتكون بهن حاجة لأن يكن هن أنفسهن محبوبات، وتكون أمثالهن محط جاذبية للرجال لأسباب جمالية ونفسية، إذ يبدو أن النرجسية عند بعضهن قد تستهوي آخرين قد تنازلوا عن بعض نرجسيتهم بحثا عن موضوع لحبهم (*).

(*) راجع: فرويد، سيغموند، مسائل في مزاولة التحليل النفسي ، ترجمة جورج طرابيشي، ط3، 1999، دار الطليعة، بيروت، ص 96.

تعتبر حوافز الإبداع محسوبة على آلية الدفاع، أو على تشكل التسوية على اللذة النرجسية، أو على تسام ناجح على الانتصار على الاستقلالية المنتجة ضد الأب، أو الخضوع له، أو على الالتجاء إلى حضن الأم، أو الانتقام منهما، ويعتبر التحليل النفسي أن الفنان والعصابي يحلمان لكن أحلام العصابي هي أحلام في الهواء، أما الفنان فهو القادر على تحقيق حلمه وجعله حقيقة، لكنها حقيقة من نوع آخر، حقيقة جمالية، فالتجربة الجمالية تعتمد على الشكل أكثر منها على المضمون، والفنان والمستمتع بالجمال كلاهما يشحن الشيء الجميل نفسيا، ويطلق شحنة نفسية، بمعنى يصرفها، وهو عمل لذيذ في حد ذاته، والفنان وهو يبدع يصرف الطاقة بعد الطاقة، وكذلك المستمتع في تصوره للعمل الفني واستمتاعه به يخلص نفسه من الكثير من التوترات ويستعيد توازنه ([1]).

ويعود التشابه بين الحلم والعمل الإبداعي إلى كونهما ينبعان من مخزون اللاشعور، وبما أن الحلم هو بالضرورة حامل لرغبات اللاشعور فالأمر ينسحب على الأثر الفني الذي هو الآخر بالضرورة حامل لمعان، ودلالات عميقة، ومشاعر، وتناقضات، وصراعات خفية، وغالبا ما تتستر هذه التناقضات التي تختزن العمل الفني وراء مكونات، وتركيبات، وأقنعة ظاهرة خارجية، وتكون علاقتها بالداخل الخفي كعلاقة الوعي والإدراك باللاوعي والتخيل أو الحلم.

يتناول هذا الكتاب علاقة التحليل النفسي بالفن عموما، وببعض العلوم كالعلوم اللغوية واللسانية، وعلم النفس الاجتماعي...إلخ، ولكننا خصصنا القسم الأكبر من هذه الدراسة لعلاقة التحليل النفسي بعلم الأدب.

نستعرض في هذا الكتاب مدارس التحليل النفسي الأدبي، ونضع الحدود الفاصلة بينها من أجل إزالة الإبهام والفوضى اللذين تعيشهما تلك المدارس بسبب سوء معالجتها من بعض المؤلفات التي دخلت هذا المجال، وزادت الطين بلة لأنها تناولت قضايا التحليل النفسي للأدب بطريقة مشوهة، أو منقوصة، إذا أحسنا النظر إليها!

---

[1] راجع: الملحم، إسماعيل، التجربة الإبداعية في سيكولوجية الاتصال والإبداع ، ط3، 2003، منشورات اتحاد الكتاب العرب، دمشق - سورية، ص 10.

وإن كان هذا الكتاب مخصصا في الأصل للباحثين، ولكل متخصص في هذا المجال إلا أنه يمثل معينا للطلبة الجامعيين، كما يمثل هذا الكتاب مصدرا غنيا لكل راغب في التعرف إلى قضايا التحليل النفسي الأدبي، وهو ضرورة لكل طالب معرفة لما تضمنه من تفسيرات، وشروحات لا تتوافر في غيره من المراجع المختصة، وهو يسد حاجة ملحة للطالب والباحث كليهما لما يتضمنه من شمول، وسعة، وتحديد واضح بين المدارس، تمكن الباحث من الاعتماد عليه في الشرح والتفسير، ومن أجل تعميم الفائدة اعتمدنا في تأليفه على لغة سهلة ميسرة، وحاولنا قدر الإمكان الابتعاد عن المصطلحات المعقدة عبر تبسيط مضمونها مع الحفاظ على دلالاتها، ولذلك قمنا بشرح ما ورد منها في المتن في هوامش واضحة غير ملتبسة، كما اعتمدنا منهجية الأبواب في تبويبه، ولهذا عالج الباب الأول منه مبادئ التحليل النفسي في ثلاثة فصول استعرض الفصل الأول أهم المبادئ التي قام عليها التحليل النفسي الفرويدي، واستعرض الفصل الثاني أهم مدارس التحليل النفسي من أدلر إلى يونغ ورانك أوتو... ودرس الفصل الثالث العلاقة التي تربط علم النفس ببعض العلوم الأخرى ومنها علم الاجتماع، ودرسنا في الباب الثاني التحليل النفسي الأدبي في فصلين عالج الفصل الأول منهما، قضايا مدرسة التحليل النفسي الأدبي التي اعتبرت الأدب نتاج لاشعور كاتبه، وبحثنا في الفصل الثاني التحليل النفسي الأدبي الذي اعتبر أن النص يمتلك «لاوعيا» خاصا به، ومن أجل أن تكتمل الفائدة من هذه الدراسة قمنا في الباب الثالث بتطبيق مناهج مدارس التحليل النفسي الأدبي على بعض الأعمال الأدبية العربية، فدرسنا في الفصل الأول تحليل النص على أساس اللاشعور، وفي الفصل الثاني حللنا بنى النص وفق منهج اللاشعور الجمعي، أما الفصل الثالث فلم نحصره بمنهج محدد بل قمنا بإدماج المدارس النفسية جميعها وعالجنا النص الادبي على أساس هذه المناهج النفسية المتنوعة.

وقع اختيارنا على بعض النصوص العربية الحديثة لتكون مجالا للدراسة النفسية/ الأدبية بسبب اعتقادنا أن الأعمال الإبداعية العربية لم تجد التحليل النفسي الكافي بينما النصوص الأدبية العالمية قد أشبعت بحثا وتحليلا من قبل

كبار المحللين، وتمتلئ رفوف المكتبات بمصادرها ومراجعها، وكان لا بد من وضع خاتمة نذكر فيها ما توصل إليه بحثنا هذا من محصلات، وأتبعنا الخاتمة بلائحة المصادر والمراجع التي اعتمدنا عليها في هذه الدراسة.

أخيرا نأمل أن يكون هذا الكتاب قد سد ثغرة في المكتبة العربية، ومن الطبيعي أننا لا ندعي الكمال لعملنا هذا، لكن الذي يعزينا عن أي نقص قد يكون لحق بهذا العمل هو أن النقص من سمات عمل البشر، ومهما نشد الفرد منا الكمال، وسعى إليه فإن عمله يبقى ناقصا لأن الكمال لله وحده.

بيروت في أيار 2011

الدكتور إبراهيم نظام الدين فضل الـله

الباب الأول

مدارس التحليل النفسي

الفصل الأول: مدرسة فرويد في التحليل النفسي
الفصل الثاني: مدارس التحليل النفسي خارج إطار فرويد

مقدمة الباب

دخل علم التحليل النفسي مختلف الفنون، والعلوم الإنسانية منذ ابتداعه على يدي فرويد، وتطوره على أيدي تلامذته، وأتباعه، والباحثين في ميادين هذا العلم، وتنوعت قضايا النفس ودواخلها، بين طيات المؤلفات، وتفرعت المدارس، والمناهج التي أبحرت في التحليل النفسي.

لقد تركت هذه الدراسات النفسية تأثيراتها الواضحة في الدراسات الأدبية إلى درجة تمكننا من القول: لا يوجد ناقد أدبي حديث أو معاصر إلا وتختزن دراساته النقدية بعض المصطلحات النفسية.

رأينا قبل الخوض في دراسة الأسس، والمناهج، والمصطلحات التي قامت عليها المدارس النفسية أن نتوقف قليلا من أجل استعراض المبادئ التي يرتكز عليها التحليل النفسي، وشرح وتفسير بعض المصطلحات النفسية التي لها علاقة بالتحليل الأدبي، والتي يكثر تردادها من دون المعرفة الشاملة والدقيقة لمعانيها، أو من دون القدرة على التمييز بين مضامينها، ومعرفة الحدود الفاصلة بينها، فشرحنا مصطلحات فرويد في الشعور، وما قبل الشعور، واللاشعور إضافة إلى الهو، والأنا والأنا الأعلى... إلخ، وشرحنا إضافة إلى كل ما تقدم مصطلحات يونغ في الأنماط الأولية، اللاشعور الجمعي، والقناع، والظل... إلخ.

درس هذا الباب نظريات التحليل النفسي التي كان له التأثير المباشر، أو غير المباشر في نظرية الأدب والنقد الأدبي، وتتبعنا في فصله الأول منهج فرويد وإسهاماته في التحليل النفسي، ودرسنا في الفصل الثاني جهود المدارس

التي انشقت عن فرويد، وبحثنا في النظريات النفسية ما بعد فرويد كـ «صدمة الميلاد»، و«اللاشعور الجمعي»، وغيرهما ثم تطرقنا في الفصل الثالث إلى بعض نظريات التحليل النفسي/الاجتماعي.

الفصل الأول

مدرسة فرويد في التحليل النفسي

مقدمة

نبحث في هذا الفصل أهم مرتكزات مدرسة التحليل النفسي، ونستعرض أهم ما ورد فيها، وبالتحديد ما له علاقة بالتحليل الأدبي، وكي لا تبقى هذه المصطلحات النفسية أحاجي مغلقة على دارسي الأدب، فقد شرحنا في هذا الفصل هذه المصطلحات وغيرها من مفاهيم التحليل النفسي من أجل أن يحصل المهتم بالنقد الأدبي على تقنيات التحليل النفسي، أو يتمكن من الإلمام بأصول علم التحليل النفسي، ويمتلك التقنيات التي يستطيع من خلالها ممارسة التحليل النفسي الأدبي بجدارة، ومن أجل تحقيق هذه الغايات قمنا في هذا الفصل بمقاربة التحليل النفسي وفق اعتبارات مرتبطة ارتباطا وثيقا بفرويد، وما يسمى بالفرويدية بصفتها جهدا في إطار المنظور المادي كي نوفق ونمفصل في آن واحد، نظرية اللاوعي التي يتعرف عليها هذا التحليل من خلال قضايا كثيرة أبرزها:

التداعي الحر للأفكار، واللاشعور، وتأويل الأحلام، وعقدة أوديب، وسائر العقد النفسية، كما عالجنا بعض المصطلحات كالليبيدو، والكبت، والقمع... إلخ.

أولا ـ التداعي الحر للأفكار

يعرف فرويد التحليل النفسي بأنه طريقة غرضها شفاء الأمراض العصبية، أو تحقيق تقدم على طريق البرء منها ([1]). بدأ التحليل النفسي باكتشاف فرويد لطريقة التداعي الحر، ومن خلال هذه الطريقة استطاع فرويد أن ينفذ إلى عالم اللاشعور، ولكن لا يمكن تحديد تاريخ هذا الاكتشاف بالتحديد، وكل ما يمكن الجزم به في هذا الموضوع هو أنه حدث بين العامين 1892 و1895 عندما تحرر فرويد من العوائق القديمة من أمثال التنويم المغناطيسي، والإيحاء، والضغط على المريض، واستجوابه... إلخ

لقد كان التحليل النفسي ـ قبل التداعي الحر ـ يعتمد على ما اصطلح على تسميته بالتنفيس أثناء التنويم المغناطيسي، وعندما وجد فرويد أن بعض المرضى لم يكن بالمستطاع تنويمهم، وبالتالي اعتبروا غير قابلين للعلاج بالتنفيس، أخذ يفتش عن طريقة جديدة للعلاج لا تعتمد على التنويم، وكان قد تعلم أن تكون العلاقة بين المعالج والمريض علاقة حميمة، وبدأ يستغني عن التنويم ويستخدم التركيز، فكان يطلب من المريض أن يحصر تفكيره في حياته السابقة، ويتذكر ما مر معه من أحداث، وكانت النتيجة مقبولة عنده، وأطلق على طريقته هذه اسم «التحليل النفسي».

تتلخص طريقة فرويد الجديدة في أن يرقد المريض على الأريكة، ويغمض عينيه، ويطلب المحلل منه أن يركز انتباهه على عرض من الأعراض، ويتذكر أي شيء حوله يمكن أن يلقي الضوء على حصول نتيجة، ولقد كان فرويد يساعد المريض على الوصول إلى مصدر الحركات اللاإرادية على سبيل المثال من خلال الضغط على جبهته بيده، ويؤكد فرويد لمريضه أنه سيتذكر حتما شيئا

---

[1] راجع: فرويد، سيغموند، مسائل في مزاولة التحليل النفسي ، ترجمة جورج طرابيشي، ط1، 1981، دار الطليعة، بيروت، ص10.

مهما، وقد يحدث أن لا يتذكر المريض شيئا، ومع ذلك يعاود فرويد الكرة، وربما في المرة الثالثة أو الرابعة يتذكر، وهذا ما حدث مع إحدى مريضاته التي علقت على تذكرها بالقول: إنها كانت ستقول له ذلك في المرة الأولى، ولكنها راجعت نفسها لأنها اعتقدت أن هذا الذي ستقوله ليس هو ما يبحث عنه، وقد جعله قولها هذا يتأكد من أن طريقته سليمة، كما جعله يطلب منها أن تتجاهل ما يريد منها وما لايريد، وشرح لها أن ذلك هو من عمل الرقيب على أفكارها، وينبغي لها أن تتجاهله، وأن تقول كل ما يخطر على بالها، ومهما ظهر لها أنه غير مناسب، أو ليس في محله، أو غير مهم، أو شيء مكرر... وكانت هذه الحالة هي الخطوة الأولى نحو بلورة التداعي الحر، وكان فرويد متابعا طريقته القديمة بالاستفسار، والطلب، ويقوم بعملية حث وتشجيع لمريضه من أجل أن يجيب عن أسئلته المستمرة، وفي إحدى المرات لامته إحدى مريضاته على مقاطعته، فوافقها على ما تريد وامتنع عن مقاطعتها، وكانت هذه هي الخطوة الثانية في بلورة التداعي الحر، وكلما زادت ثقته بطريقته قل تدخله مع المريض، وخفف من تقنيات التدخل، والاستفسار، والحث والضغط، وحتى إغماض العينين لم يعد يجد لزوما له، وأبقى الرقاد على الأريكة، وكانت جلساته تبدأ بتنبيه المريض إلى عرض من الأعراض، وعندما يكون بصدد تفسير حلم من الأحلام كان ينبه إلى كل تفصيل في الحلم، ويطلب من مريضه أن يتذكر أي شيء بخصوصه ([1]).

بدأ فرويد ينشر أسلوبه الجديد هذا بعد أن تأكد من نجاحه، وبعث ببحثين أحدهما بالفرنسية، والآخر بالألمانية بخصوص طريقته الجديدة، وذكر فيهما الاسم الجديد «التحليل النفسي»، كما أرسل في العام 1897 رسالة إلى صديقه

---

[1] الحنفي، عبد المنعم، المعجم الموسوعي للتحليل النفسي ، ط1، 1995، مكتبة مدبولي، القاهرة، ص 155.

«فليس» يشرح له فيها أسلوبه الجديد هذا، ثم بدأ يتحدث بدقة كاملة عن طريقته هذه ابتداء من العام 1898، وهو العام الذي يمكن أن نقول بكل يقين إنه العام الذي اكتملت فيه نظرية التحليل النفسي، وهناك إجماع على أن فرويد قد استفاد من تعاليم الناقد «لودفيج بورنه» (ت:1823) الذي كتب ناصحا الراغبين في التأليف الأدبي أن يتبعوا طريقة التداعي الحر، وكان فرويد قد قرأ "لودفيج بورنه"، وأحبه جدا، ويبدو واضحا أنه أخذ بنصيحته وطبقها في التحليل النفسي.

ويعرف جان بلامان نويل التداعي الحر بقوله: «تداعي الأفكار التي يعبر عنها الشخص الخاضع للتحليل في إطار القاعدة الأساسية القائمة على التصريح عن كل شيء في الخاطر بدون صد أية فكرة» ([1]).

انتشرت مدرسة التحليل النفسي بين المحللين الذين تحمسوا لقاعدة التداعي الحر، وأخذوا يطلقون الحرية للشخص الخاضع للتحليل كي يقول ما يريد، وأن يصرح عن كل ما يجول في خاطره من دون رقابة أو اختيار، ومن دون مواربة أو خجل. فعندما تلقي عليه كلمة، يجب عليه أن يطلق العنان لنفسه، وأن يتكلم كما يحلو له من دون أية عملية واعية، أو مشيئة إرادية كانت أم رقابية، ويفتش المحلل في الكلام عن تعابير قد توصله إلى لاوعي المريض، ويضع أمامه المكبوتات من حاجات، وأفكار، ورغبات دفينة، وإظهار هذه المكبوتات على سطح الوعي، وأخذ الوعي بها من قبل المعالج يجعل من الممكن السيطرة عليها، وقبولها، أو رفضها «فالتعبير بواسطة تداعي الأفكار يصاحبه تحرر وانعتاق الانفعالات، أو الوجدانيات المكبوتة» ([2]).

---

[1] نويل، جان بلامان، التحليل النفسي والأدب ، ترجمة عبد الوهاب ترو، ط1، 1996، منشورات عويدات، بيروت، ص 62.

[2] زيعور، علي، مذاهب علم النفس ، ط5، 1984، دار الأندلس، بيروت ـ لبنان، ص 23.

وتتم ملاحقة التعابير الدالة على اللاوعي على النحو الآتي:
يقول المحلل:
ـ ثلج.
فيجيب المريض:
ـ أبيض، بياض، شتاء، طهارة... صبية...
إن تداعي الأفكار بين ثلج، وبياض، وطهارة، هو تداع أولي بسيط، ولكن الارتباط بين الثلج والصبية هو ارتباط رمزي، ويأتي هنا دور المحلل لتفكيك هذا الرمز، ومن الأمثلة على تفكيك الرموز نورد هذه الحادثة التي جرت بين محلل ومريضته:
سأل المحلل شابة عزباء في الخامسة والعشرين من عمرها عن كلمة «مقعد»: فأجابت:
ـ يجلس.. دم..
وبعد أن لاحق المحلل التداعي بين الدم والمقعد استطاع أن يفكك رمز العلاقة بينهما حين روت المريضة قصة اغتصابها منذ عشر سنوات من قبل ابن عمها على مقعد في حديقة عامة في الظلام، وقد أصيبت منذ ذلك الوقت باشمئزاز عنيف وقرف، وصارت تخاف الجلوس على مقعد عمومي، وتقوم بشتى الوسائل كي لا ترى مقعدا من هذا النوع، وبذلك أظهر تداعي الأفكار إلى وعي الشابة الحادث الأليم المسبب للصدمة، وبمساعدة المحلل النفسي، وبإرادة من المريضة تم الشفاء نهائيا ([1]).
يشرح فرويد تصوره عن بنية الجهاز النفسي، وهو عبارة عن آلة مؤلفة من أجزاء شتى متوافقة، يطلق فرويد عليها اسم «الهيئات النفسية»، وكل هيئة مولجة بوظيفة خاصة، وتقوم بين الهيئات علاقة مكانية ثابتة نظير من أمام، ومن خلف، أو «سطحي وعميق» ([2]).

---

1 زيعور، علي، مذاهب علم النفس ، م.س. ص 237.

2 راجع: فرويد، سيغموند، مسائل في مزاولة التحليل النفسي ، م.س. ص 23.

أ ـ الجهاز النفسي عند فرويد في مرحلته الأولى

أنجز فرويد نظريته في الجهاز النفسي على مرحلتين، وبدأت المرحلة الأولى منذ العام 1880م عندما قسم هذا الجهاز إلى ثلاثة أجزاء: هي اللاشعور، وما قبل الشعور، والشعور، ومن ثم انتقل في العام 1923 إلى المرحلة الثانية، فجعل من تصنيفاته: اللاشعور وما قبل الشعور والشعور، تصنيفا للعمليات أو الكيفيات النفسية التي لم يشترط أن يكون موقعها أيا من الأقسام السابقة، فالعمليات الشعورية مكانها سطح الأنا، واللاشعور هو الكيفية الوحيدة التي تسود الهو، والعمليات في الهو أو اللاشعور تتبع قوانين مخالفة للقوانين الموجودة في الأنا، وتوصف عمليات الهو بأنها أولية، بينما توصف عمليات الأنا بالثانوية، وقوانين المنطق لانفوذ لها في الهو الذي يسمى بمملكة الأمور غير المنطقية.

يعتبر فرويد أن النشاط النفسي عند الإنسان يتضمن عمليات نفسية تتدرج في قسم أعلى يكون على السطح، وهذا القسم يطلق عليه اسم الشعور، وهناك قسم آخر يليه هو ما قبل الشعور، أما اللاشعور فيجب أن يمر في مرحلة قبل الشعور قبل أن يصبح شعوريا، فاللاشعور مترسب في أعماق النفس، ويصادف مقاومة عنيدة قبل أن يفلت من الكبت ويتمكن من الخروج من الأعماق إلى السطح حيث الشعور.

1 ـ الشعور

يعتبر الشعور حدسا «تمتلكه النفس عن حالاتها وأفعالها، فالإنسان في حال الشعور يكون في نشاط وعمل، ويتصرف في صورة من الصور التي نعرفها بأشكال شتى تمثل الإدراك والفهم، والتفكير، والتعليم، والانتباه، والانتقاد، والتذكر، والتعرف، والتخيل... إلخ، وتعبر كل هذه الأشكال عن جهاز الإدراك الحسي، ويختزن هذا الجهاز ثلاثة عناصر هي: الإدراك، الانفعال، الإرادة (^{1}).

---

^{1} راجع: فلوجل، ج.ل، علم النفس في مائة عام ، ترجمة لطفي فطيم، مراجعة الدكتور السيد محمد خيري، ط3، 1979، دار الطليعة والنشر، بيروت ـ لبنان، ص 200.

تتضح لنا من خلال هذا النص العناصر المكونة للشعور على الشكل الآتي:

يريد زيد أن يتكلم مع سعيد فينشغل الأول بإجراء الكلام، وينهمك في إدارة النقاش، وينتبه الآخر ويحاول إدراك الكلام وفهمه ثم ينفعل معه سلبا، أو إيجابا.

نتبين من هذا المثل أن:

العنصر الأول: هو الإرادة التي تمثلت هنا بإرادة الاستماع إلى الكلام من قبل سعيد.

العنصر الثاني: هو الإدراك وقد تبين من خلال إدراك الكلام من قبل سعيد وفهمه.

العنصر الثالث: الانفعال وحصل من خلال انفعال سعيد مع الكلام سلبا أو إيجابا.

وتقترب هذه الحالات الشعورية في بعض الأحيان من مستوى ما قبل الشعور، كما يحصل لنا عندما نتذكر، أو نفكر، ونحن في حلم يقظة أو في حلم نوم، كما أننا في حالات الإبداع والتخييل لا نكون دائما في حالة شعور تام، وإنما نقترب كثيرا من حالات ما قبل الشعور، وقد ننزلق إلى حالات اللاشعور، وهكذا نجد أن خبراتنا الشعورية تزيد في تراثنا اللاشعوري ومكنونات النفس، وما نختبره في الحياة يوسع من آفاقنا، ويقوي من شخصيتنا، وكلما اتسعت آفاق اللاشعور زاد تأثيره الحسن في شعورنا، وأصبحت استجاباتنا أكثر كفاءة، وإدراكنا أكثر جودة، وتقوم الفرضية الأساسية للتحليل النفسي على التمييز بين ما هو شعوري، وما هو لاشعوري، وبدون هذا التمييز لا يمكن فهم مجريات العمليات النفسية.

2 ـ ما قبل الشعور

لا يقتصر ما قبل الشعور في التحليل النفسي المعاصر على العناصر الكامنة التي في طريقها إلى الشعور، ولكنه يتضمن عناصر تراوح بين عمليات التفكير

المجرد، والأكثر منطقية، وبين العمليات التخييلية الأكثر بدائية، ويعتبر ما قبل الشعور جهازا نفسيا يقع ضمن دائرة مبدأي اللذة والواقع، وهو يمثل حلقة في المتصل بين الشعور واللاشعور، وهو يتوسط بين الهو، والعالم الخارجي ([1]).

3 ـ اللاشعور

يشبه اللاشعور الحمم البركانية التي تعمل داخل الجبل، وعدم ظهورها لا يعني أن الجبل خال منها، أو أن هذه الحمم لا تعمل وتتحرك، ونحن لا نعلم بوجودها إلا حين تنفجر بركانا هادرا على سطح الأرض، والإنسان كالجبل يحفظ في داخله الشيء الكثير في نفسه من ذكريات قد نسيها مع مرور الزمن، أو تجارب مرت معه في مراحل متقدمة من عمره، أو علوم كان قد أتقنها ولا يحتاج إليها في اللحظات الراهنة، أو صدمات شفي منها، أو لم يشف منها بعد... إلخ، وتبقى كل هذه الأمور التي ذكرناها مستقرة دوما في أعماق النفس، كما أن الكثير مما ننساه ولانستطيع أن نتذكره يظل مترسبا داخلنا، وهذا ما يطلق عليه اللاشعور ([2]).

إن كلمة النفي (لا) في مصطلح اللاشعور لا تعني أكثر من أن الشيء غير مشعور به، أي إن الإنسان لا يعيه في لحظته الراهنة في شعوره، ولكن ما لا يعيه الإنسان في أية لحظة هو مخزون في وعاء موجود في أعماق النفس، والأعماق مصطلح يقابل مصطلح اللاشعور بالنسبة إلى التحليل النفسي، ومن هنا كانت الأمور المنسية أو غير المشعور بها أمورا غير معدومة. فاللاشعور موجود وإن كنا لا نعيه ولا نستطيع أن نرفعه دائما إلى مستوى الشعور لكنه محفوظ في مستويات دنيا من وعاء النفس بدليل القدرة على الوصول إليه عندما نشاء، أو عندما تقوم الحاجة إليه ([3]).

---

[1] راجع: فرويد، سيغموند، نظرية الأحلام ، ترجمة جورج طرابيشي، ط3، 1998، دار الطليعة، بيروت، ص 167-169.

[2] زيعور، علي، مذاهب علم النفس ، م.س. ص 225.

[3] م.ن. ص 237.

تطفو مكامن اللاشعور على السطح أحيانا في زلات اللسان، أو في الأحلام، ومن الأمثلة على وجود اللاشعور نورد حالات التذكر، ومن هذه الحالات أننا عندما نقابل شخصا لأول مرة في حياتنا، ونتعرف على اسمه، وشكله، وصفاته، ومهاراته، وهواياته ... إلخ، ومن ثم تمر فترة طويلة أو قصيرة، ويغيب كل شيء عنه في فكرنا، ويطويه النسيان، ولا نكاد نعلم به في شعورنا لكن مهما كان من أمر البعد بين شعورنا وبين هذا الشخص فإنه يبقى دفينا في أعماق النفس، وإذا صودف يوما أن قابلناه، أو ذكر اسمه أمامنا، أو بعض خلاله، أو شاهدناه في الحلم فإن ذكراه تظهر رويدا رويدا، ولا يعود لنا ذلك الاسم المجهول، وتنطبق على هذه القاعدة ذكريات الطفولة البعيدة أو القريبة ([1]).

ويعتبر فرويد أن اللاشعور هو كل ما ليس شعوريا، وقد أثبت التحليل النفسي أن محتويات العقل لا تقبل الاختزال إلى الشعور الخالص، وأن بعضها لا يمكن الشعور به إلا بعد التغلب على بعض المقاومات، وأن الجزء غير المشعور به له من الفاعلية ما ينجم عنه ظهور الأعراض المرضية النفسية، وقد ثبت أن اللاشعور يشكل حيزا يتعين علينا أن نتصوره باعتباره نظاما له محتوياته، وطاقته الخاصة به، وعملياته الأولية، وبعض محتويات اللاشعور أولي مكبوت، وبعضها مكبوت يجهد في العودة إلى الشعور، ولكن هذا المكبوت يجب أن يمر أولا بما قبل الشعور حتى يتمكن من الوصول إلى الشعور ([2]).

ويذهب فرويد إلى أن الأفكار تكون لاشعورية طالما كانت مادتها غير معروفة، وإذا ارتبطت الفكرة بالصور اللفظية المطابقة لها صارت قبل شعورية،

---

[1] راجع: الحفني، عبد المنعم، المعجم الموسوعي في التحليل النفسي ، م.س. ص 86-96.

[2] راجع: سيغموند، مستقبل وهم ، ترجمة جورج طرابيشي، ط 1979، دار الطليعة، بيروت ـ لبنان، ص 16.

وهذه الصورة كانت في وقت ما إدراكات حسية، وتحولت إلى آثار في الذاكرة، ومن ثم تستطيع كأي شيء في الذاكرة أن تصبح شعورية مرة أخرى، وكل شيء كان إدراكا حسيا شعوريا يستطيع أن يكون لاشعوريا، وأي شيء يأتي من اللاشعور، ويحاول أن يصبح شعوريا يجب أن يتحول إلى إدراكات حسية بفضل الآثار الباقية في الذاكرة.

وتجتمع في اللاشعور الأضداد، والمتناقضات بلا منطق، ويكون اللاشعور فرديا أي على المستوى الفردي، ويكون اللاشعور مشتركا بين أفراد الجماعة البشرية، ويسمى حينئذ اللاشعور الجمعي ([1]).

ب ـ الجهاز النفسي في مرحلته الثانية

عدل فرويد من نظريته في الجهاز النفسي وأصبح اللاشعور يماثل الهو، والشعور يقابله الأنا الذي قسمه إلى: أنا، وأنا أعلى، وأنا مثالي، وتألف الجهاز النفسي في مرحلته الجديدة من ثلاثة أقسام هي:

1 ـ الهو: المستودع اللاشعوري للقوى الدافعة للغريزة.

2 ـ الأنا: عناصر الوعي والإدراك والشعور.

3 ـ الأنا الأعلى: العناصر الأخلاقية ([2]).

1 ـ الهو

الهو أقدم الأقسام في الجهاز النفسي، وهو يحوي كل ما هو موروث، وما هو موجود منذ الولادة، وما هو ثابت في تركيب الجسم، ولذلك فهو يحوي قبل كل شيء الغرائز التي مصدرها الجسم، والتي يكون أول تعبير نفسي لها في الهو.

والهو اسم مشتق من الضمير الغائب (هو) أي إنه مجهول ولاشعوري،

---

[1] فرويد، سيغموند، موسى والتوحيد ، ترجمة جورج طرابيشي، ط3، 1969، ص 165ـ166.

[2] زيعور، علي، مذاهب علم النفس ، م.س. ص 227.

والهو هو جملة من الميول الموجهة لبعض النشاطات الفردية، وتربطه علاقة وطيدة باللاوعي، فالهو واللاوعي يتكونان قبل الغرائز والعادات والذكريات، وهذه العادات والذكريات تكون موجودة في الهو، وهي محتفظة بشحنة انفعالية نشعر بها عندما تبرز بعض الأعراض على سطح الوعي ([1]).

ويمثل الهو الطبيعة الخام قبل تماسها واختباراتها المستمدة من العالم الواقعي، وقبل تأثير التربية والتمدن، والهو هو كل ما يحمله الإنسان منذ ولادته من الدوافع القادمة من جسمه العضوي، وهذه الدوافع هي منبع الطاقة النفسية، والأساس التي تقوم عليه الشخصية، والقاعدة التي تقوم عليها الغرائز، ولهذه الأسباب نرى الهو شديد الارتباط بالجسم، ولا يتغير تغيرا كبيرا وفق العمر والخبرة، وهو بذلك يبقى طفيليا، أنانيا، عنيدا، متعلقا باللذة يطلبها، ويتجنب الألم ويمقته، وبمعنى آخر، يتألف الهو من الدوافع أي الغرائز والميول، ووظيفته لذوية أي يخضع بشكل تام لمبدأ اللذة، لا لمبدأ الواقع، وبخضوعه لإشباع اللذة، لا يخضع لا للعقل، ولا للتفكير، ولا للمثل.

الهو هو الأصل حيث لم يكن يوجد غيره ثم نشأ الأنا منه تحت تأثير الاتصال بالعالم الخارجي، وتحول جزء معين من مادة الهو إلى حالة ما قبل الشعور، وانضم إلى الأنا، وهذا الأنا أسقط جزءا من المادة التي اكتسبها من الهو ودفعها إليه ثانية، واستبعد الكثير من الإحساسات الجديدة، ودفعها إلى الهو، ويسمى هذا الجزء بالمكبوت، وبالتالي أصبح لدينا في الهو نوعان من المادة هما:

النوع الأول: هو جزء أصيل في الهو.

النوع الثاني: هو الذي يستمد من الأنا.

والنوعان يطابقان بين ما هو موجود وما هو مكتسب ([2]).

[1] الحفني، عبد المنعم، المعجم الموسوعي للتحليل النفسي ، م.س. ص 535.

[2] الشماع، صالح، مدخل إلى علم النفس ، ط3، 1978، منشورات عويدات، بيروت، ص 40.

2 ـ الأنا

يقيم الأنا توازنا بين الهو والأنا الأعلى، والأنا هو نتاج التفاعل الحي، والمستمر بين الدوافع الغريزية، والوسط الاجتماعي، أما إذا ضعف التوازن لمصلحة الهو فإن الأنا يلحق به الوهن وتصاب الشخصية بالاضطراب، ولكن الأنا كلما تعزز ازدادت سلطته على الهو، وزاد من استغلاله، وتوظيفه للطاقات، والشحنات الانفعالية القادمة من الهو، وعلى هذا الأساس يكون الأنا هو الشخصية الخاصة لإنسان معين، وأنا أدرك أن الأنا الذي يخصني ليس هو أنا الآخرين.

يمر الطفل بمراحل كثيرة، ويتعرض لأزمات متنوعة قبل أن يتكلم باسمه الخاص مثل أنا ألعب وأنا أشرب... إلخ، وبالتالي يتأخر ظهور الأنا عند الطفل، ويستلزم الوصول إلى هذه المرحلة نوعا من النضج، والتصور الذهني، وامتلاك اللغة، وتكون الشخصية.

يرتبط الأنا بالغرائز العميقة، وهو قسم من الهو تحول بفعل ظروف خارجية، ولذلك فإن قسما من الأنا يبقى «تحتواعيا» ويتطلب ظروفا خاصة ليظهر على سطح الوعي، وبالتالي يمثل الأنا الميول المكتسبة، والتعلم الاجتماعي، ويرتبط بالواقع، وينظم العلاقات مع الآخرين في المجتمع، ويقع الأنا بين الهو والأنا الأعلى فيوفق بينهما، ويمثل الجسر بين البيولوجي، والأنا المثالي القائم على الضمير الأخلاقي، وعلى ذلك يقيم الأنا الانسجام بين الفرد والمجتمع، ويخضع، بذلك لمبدأ الواقع، ويتأثر بالعالم الخارجي، ويتحكم في العلاقة مع الآخرين، والأنا هو ذاك القسم من الهو الذي يتعدل نتيجة تأثير العالم الخارجي فيه تأثيرا مباشرا بواسطة الإدراك الحسي، ويلعب هذا الإدراك في الأنا الدور الذي تلعبه الغريزة في الهو، ويمثل الأنا العالم الخارجي، ويبدو أن الخبرات التي يكتسبها الأنا لا تضيع بموت الأفراد لأنها تتكرر بين أفراد الأجيال المتعاقبة ([1]).

---

[1] الحفني، عبد المنعم، المعجم الموسوعي للتحليل النفسي ، م،س.

تتحول الخبرات الموجودة في الأنا إلى خبرات موجودة في الهو يحفظها بالوراثة، ويقوم الهو بحفظ آثار أعداد لا تحصى من الأنوات، وربما يكون قيام الأنا بتكوين الأنا الأعلى من الهو ليس إلا إحياء لصور الأنوات السابقة، وبالتالي يخضع الأنا في الوقت نفسه لتأثير الغرائز كالهو لأنه يخرج منه.

3 ـ الأنا الأعلى

يتكون الأنا الأعلى نتيجة عاملين: تاريخي وبيولوجي.

يتشكل الأنا الأعلى عبر الفترة الطويلة التي يقضيها الطفل في كنف تربية الوالدين، واتباع قانون ينبغي لك أن تكون كذا وكذا مثل أبيك، ولا يجب عليك أن تكون كذا وكذا مثل أبيك، أي يجب أن لا تفعل مثل ما يفعل، فهناك أشياء مباحة له وليست مباحة لك، وهذا الازدواج في علاقة الأنا الأعلى، وبين إفعل ولا تفعل لا يحدث إلا عند ظهور النشاط الجنسي الناتج عنه كبت عقدة أوديب ([1]).

يدين الأنا الأعلى بوجوده إلى هذا الحادث الثوري المتمثل بكبت عقدة أوديب، وبتكوين الأنا الأعلى يقوم الأنا بالتغلب على عقدة أوديب، والصراع الذي ينشب بين الأنا والأنا الأعلى يعكس في النهاية الخلاف بين ما هو واقعي وما هو نفسي، أو بين ما هو خارجي وما هو داخلي، ويجتمع في الأنا الأعلى التراث الثقافي الإنساني، وأسمى ما يتكون في النفس الإنسانية من القيم التي ترسخت عبر الأجيال، وبذلك يختزن الأنا الأعلى كل ما يمكن أن ننتظره من طبيعة الإنسان السامية، ومن حيث أن الأنا الأعلى يمثل بديلا من الأب، فهو يتضمن الأصل الذي نشأت منه كل الأديان ([2]).

يتكون الأنا الأعلى نتيجة التعين الأولي بشخصية الأب كأول التعينات وأهمها، وهي تحدث في الأيام الأولى من تاريخ حياة كل شخص، وهذا

---

[1] الشماع، صالح، مدخل إلى علم النفس ، م.س. ص 38.

[2] راجع: فرويد: سيغموند، موسى والتوحيد ، م.س. ص 132-133.

التعين لا يأتي عقب أو نتيجة حب للموضوع، وإنما هو تعين مباشر يقع قبل تعلق الطفل بحب أي موضوع، وأما تكوين الأنا المثالي فيكون بناء على حب الموضوع الذي يتأتى أول ما يتأتى من الأم، وتندمج في الأنا الأعلى كل السلطات الأخلاقية الخارجية، وتتمثل هذه السلطات في الأطفال في سلطة الوالدين، ومع تطور مراحل عمر الطفل يحدث استدماج للنواهي، والزواجر، والأوامر الأخلاقية، ويحل الأنا الأعلى محل الوالدين، ويتأثر الأنا الأعلى أثناء نموه بشخصيات أخرى غير الأبوين وتحل محلهما، وتبقى سلطة أوامرهم، ونواهيم مستمرة في الأنا الأعلى، وهكذا يتكون الأنا الأعلى من مجموعة القواعد التي تعلم الخير والشر المكتسبين من الوالدين، وممثلي السلطة ورموزها، ويشتمل الأنا الأعلى على الحاضر والماضي، وتختزن فيه تقاليد السلف، وما استقرت عليه الإنسانية عبر تاريخها الطويل، والماضي لا يتداعى تماما للحاضر إلا في بطء، وما دام الأنا الأعلى هو الذي يصل الإنسان بماضيه فإن دور الماضي من أهم الأدوار في حياة الإنسان، ومن خلاله تتكون المشاعر الاجتماعية بالأنا الأعلى بناء على تعينه بالأشخاص الآخرين، وهو يجمع الأنا الأعلى الدين والأخلاق، وهي العناصر الأساسية لأسمى ما في الإنسان، والأنا الأعلى عنصر مهم من عناصر الطبيعة البشرية، وهو عنصر لاشعوري إلى حد كبير، ولا يعتبر الأنا الأعلى أرفع من الأنا من الناحية الأخلاقية، فالأنا الأعلى هو أنا مجمعن أي تكون بفعل القيم الخارجية، والتربية، والتقويم، والضغط الاجتماعي ([1]).

أ ـ وظائف الأنا الأعلى

يمثل الأنا الأعلى الجهاز القضائي في الشخصية، الذي يمارس رقابته الأخلاقية في صورة الضمير، ويتولى الأنا الأعلى الوظيفة النقدية عن طريق مراقبة دوافع الأنا، فيوافق على كل دافع يقدمه الأنا، وعندما يحصل هذا

---

[1] راجع: فرويد: سيغموند، موسى والتوحيد ، م.س. ص 134-135.

الدافع على قبول الانا الأعلى يسمح له بالصعود إلى السطح أي الوعي، ويعترض على كل دافع غير مقبول فيمنع ظهوره، وبالتالي يصيبه الكبت، ولا ينفصل الأنا الأعلى عن المكافآت والعقوبات... إنه سلطة تكافئ وتعاقب بغية تنظيم الدوافع، وردعها عن التعدي على القانون والسلطة، والانضباط في المجتمع، ويوفر الأنا الأعلى الاستقرار عن طريق الامتثال للقيم السائدة، امتثالا يكون واعيا في بعض الأحيان، ومن دون وعي مرات كثيرة، وغالبا في الأنا الأعلى ذكريات المحظورات اللاواعية ([1]).

ب ـ الأنا المثالي

يمثل الجانب الأخلاقي المتزمت من الأنا الأعلى الأنا المثالي الذي يمثل الصورة المثلى التي ينحو الأنا الأعلى نحوها، ويصدر عنها في أحكامه، والأنا المثالي هو انتظام الأنا الأعلى في صورة مثالية، ويتضمن تعينا ثانويا بالأشخاص البطوليين الذين يبدي بهم إعجابا متطرفا، كالإعجاب بعظماء التاريخ ([2]).

ثانيا ـ العقد النفسية وسبل اكتشافها

أ ـ تعريف العقدة النفسية

العقدة النفسية هي مجموعة أجزاء مشحونة إلى حد قوي بالانفعال، وهي أجزاء قائمة في اللاوعي، وتوجه من دون معرفة الفرد بعض أعماله، وتكون العقدة خزانا صغيرا مستقلا قويا، وتدفن في هذا الخزان وهي حية بعض العواطف، والانفعالات التي لا يرضاها الأنا الأعلى، وتتشكل العقدة من

---

[1] راجع: فرويد، سيغموند، خمس حالات من التحليل النفسي ، ترجمة صلاح مخيمر وعبده ميخائيل رزق، لا.ط، 1979، ج1، مكتبة الأنجلو المصرية، القاهرة، ص 384.

[2] م.ن، م.س. ص 388.

خلال كبت رغبة ما غالبا ما تكون محرمة، وهذا الكبت الذي يستمر سنوات مديدة يجعل الأجزاء المكبوتة تزداد، وتتعمق حتى تشكل كتلة صلدة، وهذه الكتلة هي العقدة النفسية المتمثلة في مجموعة مركبة من ذكريات، أو رغبات، أو عواطف، أو أحداث مكبوتة مشحونة بشحنة انفعالية قوية من الذعر، أو الغضب، أو الاشمئزاز، أو الغيرة، أو الإحساس الخفي بالذنب.... ([1]).

تنشأ العقدة من صدمة انفعالية واحدة، أو من خبرات مؤلمة متكررة، أو من تربية خاطئة في عهد الطفولة تسرف في تدليله الزائد، أو في كبحه وتخويفه، أو تأثيمه من خلال إشعار الطفل بأنه مذنب في كل ما يفعله، ومن شأن مثل هذه التربية أن تخلق في نفس الطفل مشاعر بغيضة بالنقص، والذنب، والقلق، والغيرة، أو عواطف هدامة، كالحقد والكراهية، وهي مشاعر وعواطف ثقيلة على النفس لا تلبث أن تكبت فتنشأ عنها عقدة أو أكثر، والعقدة استعداد مكبوت يجبر الفرد على ضروب شاذة من السلوك الظاهر، والشعور والتفكير في شخص، أو شيء، أو موقف، أو فكرة، وهي أيضا استعداد لاشعوري لا يفطن الفرد إلى وجوده، ولا يعرف أصله، وكل ما يشعر به هو آثار العقدة في سلوكه، وشعوره، وجسمه، كالقلق، أو الشكوك التي تساوره، أو اضطرابات في وظائف المعدة، أو القلب، أو التنفس، أو غيرها، ويتسم السلوك الصادر عن العقدة النفسية بما يتسم به السلوك الصادر عن الدوافع المكبوتة ([2]).

تتنوع العقد النفسية، وسوف نستعرض أبرز العقد التي تحدث عنها التحليل النفسي، وهي:

1 ــ عقدة أوديب

يقتل أوديب ـ بطل الأسطورة اليونانية الشهيرة التي حفظت من خلال نص مسرحي ـ أباه ويتزوج بأمه من دون أن يعرف أنهما والداه، وهذا التحريف في

---

[1] فرويد، سيغموند، خمس حالات من التحليل النفسي ، م.س، ص 389.

[2] راجع: راجح، أحمد عزت، أصول علم النفس ، ط 12، 1979، دار المعارف، القاهرة، ص 146-147.

القصة هو أمر لا يمكن تجنبه في تناولها تناولا فنيا، وأما من ناحية التحليل النفسي فإن جهل أوديب بما فعله بأبويه هو تصوير للناحية اللاشعورية التي تتستر فيها هذه التجربة عند الكبار، وكونه بريئا إنما هو إثبات لحكم القدر بأن كل طفل يجب عليه أن يمر بهذه التجربة ([1]).

وتواجه عقدة أوديب عند الأطفال طريقين هما:

1 ـ كبت العقدة، ويؤدي هذا الكبت في بعض الأحيان إلى العصاب.

2 ـ تحل نهائيا وحينها يسير الطفل على الطريق السليم.

---

[1] تقول الأسطورة اليونانية إن أوديب كان طفلا لأحد الملوك، وعندما شاهده أحد الكهان تكهن بأن هذا الطفل حين يكبر سيقتل أباه، فأمر والده الملك أن ينبذ طفله في العراء، فتعهده أحد الرعيان، وشب أوديب وكبر وهو يظن أنه ابن الراعي ولا يعلم حقيقة أمره، وحين التقى أباه الملك في إحدى رحلات صيده... ولأمر ما تنازعا، فقتل أوديب أباه ثم سار إلى مدينة أبيه فتزوج ملكتها ـ من دون أن يعلم أنها أمه ـ وقد استعار التحليل النفسي اسم هذه الأسطورة فأطلقه على مأساة شبيهة بها يعانيها الطفل الإنساني في فترة الطفولة الباكرة ناتجة عن علاقته بوالديه، وأسماها فرويد عقدة أوديب، ولهذه العقدة تأثير خطير في تكوين ضمير الفرد وأخلاقه، كما أنها تمثل حجر الزاوية في صحة الإنسان النفسية، وهي الأساس في كل الأمراض النفسية، وتتلخص في التحليل النفسي برغبة مكبوتة لدى الولد للاستئثار بحب أمه، وهذا يؤدي إلى غيرة من الأب تتحول إلى نفور وكراهية وخوف، وتتولد لديه رغبة مكبوتة في التخلص من أبيه عن طريق قتله، وهذه المشاعر المتناقضة بين حب جارف نحو الأم والتعلق الشديد بها، والخوف من الأب والرغبة في استبعاده تشعر الولد بالذنب لما يحمله نحو أبيه من نيات آثمة، وسرعان ما يلف الكبت هذه المشاعر الكريهة وبذلك تتكون عقدة أوديب. وترى مدرسة التحليل النفسي أن هذه العقدة لا ينجو منها طفل، فهي عامة بين الأطفال جميعهم، غير أن التربية الرشيدة في عهد الطفولة المبكرة تستطيع أن تصفي هذه العقدة وتنقذ الطفل من شرورها الوبيلة فيما بعد، وتتم تصفيتها بحلها حلا سليما يزيل من نفس الطفل كراهيته لأبيه وخوفه منه، كما يتم حلها عبر التخفيف من اعتماد الطفل على أمه وتعلقه المفرط بها.

ويرى التحليل النفسي أن كل عصابي (أوديب) أو أضحى مثل (هاملت) في استجابته لهذه العقدة (*).

(*) راجع: راجح، أحمد عزت، أصول علم النفس ، ط 12، 1979، دار المعارف، القاهرة، ص 150ـ152.

يسجل فرويد أفول هذه العقدة في مرحلة الكمون ثم عودتها إلى الظهور مع فترة المراهقة، ويتم تجاوزها بدرجات متفاوتة ([1]).

تلعب عقدة أوديب دورا فعالا في بناء الشخصية من خلال الأنا المثالي الذي يحل محلها، ويستدل على إنسانيتها بمعنى وجودها عند كل الناس، ومختلف الثقافات من خلال رسوم الأطفال ذات الدلالة، وتدل أحاديث الأطفال مع أمهاتهم على وجود هذه العقدة عند عموم البشر، ومن هذه الأحاديث نجد قول الطفل لأمه:

ـ عندما أكبر سوف أتزوجك يا ماما.

وعندما تجيبه أمه:

ـ ولكن ماذا يقول أبوك؟

يجيب الطفل:

ـ حينها يكون قد مات.

يدل هذا الحديث على رغبة الطفل في قتل والده، وتنزاح هذه الرغبة إلى تمني الموت له، وتكمن أهمية هذه العقدة في دور الوالدين المساهم في تصفية عقدة أوديب تصفية سوية، وفي تكوين السلوك المستقبلي لابنهما ([2]).

2 ـ عقدة الخصاء

تقوم عقدة الخصاء على وهم متعلق بقلق أو خوف من فقدان الإحليل، وهذا القلق ناتج عن خوف من عقاب يراه الطفل واقعا عليه بسبب ذنب اقترفه، وذاك الإحساس بالذنب متولد من رغبة جنسية محرمة عند الطفل، وهذه الرغبة تهدف إلى امتلاك الأم وقتل الأب، كما أن القلق بشأن القضيب يزداد عندما يرى الطفل الفرق بين عضوه الجنسي وعضو أخته، ويعتقد حينها أن أخته قد

---

[1] راجع: فرويد، سيغموند، ثلاثة مباحث في نظرية الجنس ، ترجمة جورج طرابيشي، ط1، 1981، دار الطليعة، بيروت، ص 53.

[2] راجع: زيعور، علي، مذاهب علم النفس ، م.س، ص 23.

عوقبت بقطع قضيبها لأنها وقعت في ذنب ما، أو ارتكبت محرما، أو اقترفت إثما ([1]).
ويمتد الخوف من الخصاء إلى الشعور بالعجز عن إثبات الذات، وتوكيد قدراتها إزاء العالم الخارجي، وينصب الخصاء على الذهن فيصبح الخصاء هنا تعبيرا مجازيا للدلالة على أن الذهن مواز لعضو الذكورة، ومن ثم فإن ما يصير عليه الأول يوازي أو هو الشكل المجازي لما يقع على الثاني وما يصيبه، وبتعبير آخر فإن الخصاء الذهني هو ضعف النشاط، والعجز عن أداء الوظيفة المخصصة للذهن مثل التغلب، والتحكم، والاقتدار... إلخ، والوظيفة المخصصة للذهن هي موازية لوظيفة الإحليل رمزيا ([2]).

3 ـ عقد نفسية متنوعة

تتنوع العقد النفسية المرضية، كعقدة النقص، أو عقدة الشعور بالدونية، أو عقدة الخوف من شيء ما إلى آخر ما هنالك من عقد، وكلها يمكن أن تفكك وتحل إذا استطاع التحليل النفسي استعادة الذكريات المؤلمة، أو أسباب هذه الذكريات، ويقوم التحليل النفسي برفع هذه الذكريات المكبوتة من مستوى الشعور إلى مستوى الإدراك، وبالتالي إن ما كان مخجلا للطفل أو محرما لم يعد هناك مبرر لأن يراه بالصورة التي كان يراها سابقا، وبدل أن تعمل العقد في اللاشعور، وتنشط بصورة شاذة ومرضية تفسر هذه العقد على حقيقتها السوية، ولا يعود الشخص بعدها يستشعر آثارها السيئة، فالذكريات عندما تعاد إلى الذهن تشبع في كل مرة بالظروف الراهنة لعودتها، وبألوان الموقف الذي استعيدت به ([3]).

---

[1] راجع: فرويد، سيغموند، ثلاثة مباحث في نظرية الجنس ، م.س، ص 69.

[2] زيعور، علي، م.س، ص 231.

[3] الشماع، صالح، مدخل إلى علم النفس ، م.س، ص 47.

ب ـ سبل اكتشاف العقد النفسية

يتم شفاء المريض من عقده النفسية من خلال إخراج العقدة التي يعانيها المريض من اللاوعي إلى الوعي والإدراك، وتتم عملية الإخراج بوسائل متنوعة أبرزها: الأحلام ([1]).

1 ـ الحلم طريق اكتشاف العقد النفسية

الأحلام من أبرز الوسائل التي تفتح الأبواب على مصراعيها على مكامن اللاشعور، وتعتبر الأحلام الطريق الملكي لاكتشاف اللاشعور، ومن خلال دراسة الأحلام اكتشف فرويد عمليات الإزاحة، والتكثيف والترميز ... وهذه كلها أساس التكوينات الدالة على اللاشعور التي تتعادل مع الأعراض من حيث إنها تحقيق للرغبات التي تتوسط بين القصد الشعوري، والمكبوت اللاشعوري، وتعطينا دراسة عمل الأحلام فكرة واضحة عن الطريقة التي تقبع فيها المادة اللاشعورية في الهو سواء أكانت هذه المادة في الأصل لاشعورية، أم أصبحت لاشعورية بالكبت، وتندمج هذه المادة اللاشعورية في الأنا فتصبح قبل شعورية ثم تحدث فيها بفعل الأنا تلك التعديلات التي نسميها تحريف الحلم، وعلى هذا الأساس يمكن تفسير تفاصيل الحلم جميعها، ويؤدي المحلل أحسن خدمة للمعالج حين يستطيع تحويل المادة اللاشعورية إلى مادة موجودة قبل الشعور ([2]).

أ ـ الرقابة

تقف الرقابة حائلا أمام نفاذ محتويات اللاشعور إلى ما قبل الشعور، فالرقابة هي من الوظائف الدائمة كنشاط دفاعي ضد المنبهات المزعجة في

---

[1] هناك الكثير من التقنيات من أجل اكتشاف اللاشعور، منها: التنويم المغناطيسي/التداعي الحر للأفكار/ زلات اللسان. إلخ. لكننا سنقصر حديثنا على الأحلام لما يتعلق بالتحليل النفسي الأدبي على اعتبار أن النص الأدبي هو حلم يقظة يتراءى للكاتب أو الشاعر.

[2] راجع: فرويد، سيغموند، نظرية الأحلام ، ترجمة جورج طرابيشي، ط3، 1998، دار الطليعة، بيروت، ص 118ـ120.

العالم الخارجي، وضد الأفكار الممنوعة والرغبات المحرمة، التي استقرت في اللاشعور، ولا سبيل إلى تجاوز الرقابة إلا من خلال تحوير محتويات اللاشعور، وتقنيعها لتصبح ما قبل شعورية، ويظهر عمل الرقابة في الغموض الذي يظهر على بعض عناصر الحلم، وفي ضروب التلميح، والتكثيف، والتحوير... إلخ، التي تتناول الحلم، وتعمل على إزاحة مركز الاهتمام في الحلم، فيأتي على النحو المعروف فيه من الغرابة، وتمهد الرقابة التي يمارسها الأنا لظهور الأنا الأعلى الذي تتمثل رقابته في الملاحظة الذاتية للدور الذي يقوم به الضمير. فالرقابة هي مسألة جوهرية في فهم النشاط النفسي برمته ([1]).

وتقوم هذه الرقابة بدورها في انتظام العلاقة بين الأجهزة النفسية، وتتمثل في المقاومة التي يبديها المريض ضد التأويل التحليلي، وتختلف شدة المقاومة أثناء عملية التأويل باختلاف الشدة النفسية للعناصر التي يطالها التأويل، وهناك نزعات تفرض الرقابة، ونزعات تفرض عليها الرقابة، وأما النزعات التي تفرض الرقابة فهي تلك التي يرضى عنها الأنا سواء في اليقظة أو في النوم، وأما النزعات التي تفرض عليها رقابة فهي تلك التي نستنكرها وتتنافر مع وجهة نظرنا الأخلاقية، أو الجمالية، أو الاجتماعية، ولا نجرؤ على التفكير فيها لأن تفكيرنا فيها يقترن بالمقت والرفض، وفي أحوال المرض، وفي شكل أحلام النوم، أو زلات لسان، أو هفوات، أو أعراض عصابية ([2]).

تخف سلطة الرقيب في فترة النوم، وتختفي قوة الأنا الأعلى، فيعود الإنسان إلى المصادر الغريزية، وتنزلق الدوافع منتفعة من النوم، وتعتبر الأحلام مركز الثقل في التحليل النفسي لأنها طريقه إلى اللاوعي، والحلم هو نشاط يقوم به الإنسان النائم، ووظيفته إبعاد كل إثارة حتى يستمر النوم، والحلم يمثل حلا توفيقيا لإشباع رغبات اللاوعي فنحن عندما ننام نشعر بإشباع رغبة، ونستمر

---

[1] راجع: فرويد، أنا، ترجمة صلاح مخيمر، وعبده ميخائيل رزق، لاط، لا.ت، ط، مكتبة الأنجلو المصرية، القاهرة، ص 19ـ20.

[2] م.ن، ص 41ـ42.

في النوم من أجل إشباع هذه الرغبة، ومثال على هذا الإشباع أن إنسانا عطشانا قد يحلم أنه يشرب، ويشعر أنه ارتوى، وبذلك يستمر في نومه، وهكذا يمثل الحلم حلا للمشكلة، وتخفيفا للتوتر، وتحقق الأحلام الرغبات تحقيقا مباشرا وعلنيا، ويبرز الحلم في أغلب الأحيان على شكل رمز بمعنى أن الرغبات العدوانية، أو المحرمة، أو الجنسية غير المشروعة والمكبوتة في اللاوعي، كلها تظهر على شكل رموز في الأحلام، وبذلك يكون الحلم تحقيقا لرغبة بشكل رمزي، أو هو تحقيق مقنع لرغبة ما ([1]).

وتتضح لنا رموز الرغبات المكبوتة في الحلم من خلال المثل الاتي:

حلمت «ن» أن أختها «م» تدخل تابوتا وتبقى فيه.

يظهر التحليل النفسي، أن «ن» تكره أختها، ولديها رغبة مكبوتة في أن تراها ميتة، وقام الحلم بإشباع هذه الرغبة عندما حقق موت «م»، لأن تفسير الحلم يكون على أساس أن التابوت هو رمز للموت، ولا يدخله إلا الميت، ولما دخلته «م» وبقيت فيه، وعندما شاهدتها أختها «ن» على هذه الحال حققت رغبتها ورأتها ميتة.

فالحلم هو اللغة التي يعبر فيها الفكر تعبيرا نفسيا إنه لغة نفسية فردية، وللحلم علاقة بالأحاسيس الخارجية، ويتعلق بالذكريات الغريبة، وبالمؤثرات الحسية، والخبرات السابقة للحالم، ويعمل المحلل على إخراج المعنى الكامن للحلم، ومن خلال تحويل هذا المعنى الكامن إلى ظاهر، وتتم هذه العملية من خلال: التكثيف، والإزاحة، والترميز ([2]).

---

[1] راجع: رزق اللـه، رالف، فرويد والرغبة «الحلم وهستيريا الإقلاب»، ط1، 1986، دار الحداثة، بيروت، ص 36.

[2] راجع: فرويد، سيغموند، نظرية الأحلام ، م.س، ص 98.

ب ـ التكثيف

التكثيف هو اندماج أكثر من صورة، وأكثر من فكرة ليكون المعنى صريحا، والحلم فقيرا، ومكثفا وموجزا إذا ما قارناه بمحتواه الغني بالأفكار والصور، فكل عنصر من عناصر الحلم متعلق بأسباب كثيرة كامنة، وخفية، ويظهر تحليل حلم ما أنه يختزن رغبات كامنة ([1]).

ومثال على ذلك:

حلمت زوجة شابة بأنها اشترت قبعة سوداء.

توصل المحلل النفسي عند تفسيره هذا الحلم إلى أن الزوجة متعبة من زوجها الفقير، والمريض، وهي تتمنى موته في اللاوعي كي تتزوج الرجل الثري الذي أحبته قبل الزواج، وبذلك تستطيع أن تشتري ما يحلو لها، ورمز الرغبة في شراء ما تستطيع تمثل في ارتداء القبعة التي هي رمز للسيدة الثرية، وتمثلت الرغبة في موت الزوج باللون الأسود للقبعة، والقبعة السوداء رمز للحداد، وكان التكثيف في صورة واحدة هي القبعة السوداء التي اختزنت أفكارا شتى وصورا متنوعة.

جـ ـ الإزاحة

الإزاحة هي الدافع الذي بواسطته تنفصل الشحنة الوجدانية عن موضوعها السوي العادي كي تتعلق بموضوع ثانوي، ومثال على الإزاحة:

حلمت «أ» أنها خنقت كلبها الأبيض الصغير.

ويفيدنا تفسير الحلم بحصول إبدال، انتقال، إزاحة، فالبغض انزاح عند الحالمة «أ» من صورة أخت الزوج إلى كلبها الأبيض الصغير، وتمت هذه الإزاحة بفعل الرقابة التي تتبدل بها المشاعر والانفعالات ([2]).

وتتنوع رموز الإزاحة في الأحلام، مثل: خلع السن، أو قص الشعر، أو

---

[1] فرويد، سيغموند، نظرية الأحلام ، م.س، ص 119ـ120.

[2] م.ن، ص 118.

فقء العين... كل هذه رموز ينزاح فيها الانفعال من مضمون كامن للحلم وهو الخصاء إلى هذا المضمون الصريح، وينتفع الكبت الجنسي من عملية الإزاحة هذه، فيتحقق في الأحلام إشباع ما لهذا الكبت.

إن الازاحة لها الدور المباشر في الأحلام عندما تمنع الإفصاح بشكل مباشر عن الرغبات المكبوتة، وتغير في شكل الخبر، وقص الحادث، ورواية الحلم... ([1])

لعبت الإزاحة دورها في وضع الكلب مكان أخت الزوج لأن الأخلاق تمنع قتل هذه المخلوقة القريبة، أما التحريف الحاصل في المجريات فله هدفه، وهذا الهدف هو الإفلات من سلطة الرقابة، والتمكن من الإشباع، ولهذا جاء الحلم حلا توفيقيا بين تمني الموت للمرأة، وبين مفعول المراقبة، ويمثل الحلم الحل الوسط، بين الرغبة، والأنا الأعلى ([2]).

د ـ الترميز

تعبر الرغبة عن نفسها في الحلم في بعض الأحيان بشكل مباشر، كالعطشان الذي يحلم أنه يشرب، أو الجائع الذي يحلم أنه يأكل، ولكنها تتمثل في أغلب الأحيان بالرمز، فالحلم هو لغة رمزية، والرمز هو الذي يجعل الحلم صعب الفهم، وكثيرة هي الرموز التي تدخل لغة الحلم، وهناك رموز عامة تصطلح عليها جماعة من جماعات الجنس البشري، ومنها اللباس الأسود رمزا للحزن، وتكون مهمة التحليل النفسي تتبع هذه الرموز خطوة خطوة، والقيام بتحليلها وردها إلى ما ترمز إليه عند الحالم، وتتم ملاحقة هذه الرموز عن طريق الطلب من صاحبها أن يجري تداعيات حرة، وعندما نستطيع تفكيك رموز الحلم نكون قد استطعنا الوصول إلى اللاوعي واكتشفنا ما يختزن من

---

[1] راجع: فرويد، سيغموند، نظرية الأحلام ، م.س، ص 122.

[2] راجع: زيعور، علي، مذاهب علم النفس ، م.س. ص 235.

عقد، وتكون الأحلام طريقا من طرق تنفيس الكثير من العقد النفسية المسببة للعصاب ([1]).

ثالثا ـ نظرية الليبيدو

يطلق مصطلح "الليبيدو" على مجموع الغرائز المكبوتة للطاقة النفسية، والمنصرفة لأي نشاط بدني ونفسي، والليبيدو هو الطاقة الراغبة، وهي متصورة على أساس حلقة من الدفعات، وتقع هذه الدوافع على المفترق الجسدي والنفسي، والدوافع لا تدرك حتى ولا توجد إلا من خلال تأثيرين هما:

أ ـ المؤثر: وهو عبارة عن الرضى أو الرفض.

ب ـ التمثلات اللاواعية: وتعني أن يتمثل الشخص شيئا في داخله ويبقى ذلك محفوظا على هيئة آثار تذكرية ([2]).

فالليبيدو هو تمثيل الممثل أي الدافع الغريزي، والدوافع الغرائزية هي عبارة عن الجسد الفيزيولوجي التشريحي، ولكنه متمفصل حول وجود العالم الخارجي، وحول الاحتفاظ بوجوده الخاص، ومزود بشكل فكري من السيرورات الأولية التي تجهل الزمنية، ومن هذه السيرورات تأتي دوافع الغرائز

---

[1] المصاب بالعصاب هو شخص تفرض عليه قوة غريبة عنه قمع غرائزه، وذاك عمل متناقض في حد ذاته، إذ إن كل قوته تأتي من الغريزة، ويتابع الميل المكبوت في اللاوعي جهوده لكي يبلغ هدفه، وبما أن هذا الميل لا يستطيع أن يشبع بشكل مباشر، يكتفي بإشباع غير مباشر. مفارقي غريب: المرض والألم.

ينشأ العصاب عند الطفل من ضغط الأنا الأعلى الذي يخلفه في النفس، الأهل والتربية، ويشتد العصاب عندما تتحول وظيفة الأنا الأعلى من مصفاة تنقي إلى بلاطة فولاذية توقف كل شيء بشكل متزمت، ويولد حينها صراع بين الأنا الأعلى والمكبوتات وينشأ المرض والألم أي العصاب الذي يولد من كبت الميول، ويكون علاجه، بأن يجعل المريض يعي الفكرة المكبوتة أو العاطفة المكبوتة، ويترافق مع العصاب الليبيدو (*)0.

(*) راجع: فرويد، سيغموند، خمس حالات من التحليل النفسي ، م.س. ص 446ـ447.

[2] راجع: فرويد، سيغموند، ثلاثة مباحث في نظرية الجنس ، م.س. ص 90.

التي هي عبارة عن ميول قادمة من (التحتوعي) أي من الهو، وتطالب بتحقيق حاجة معينة ([1]).

وعلى سبيل المثال:

يشعر الشاب (ب) بانجذاب نحو الشابة (ج) بدون أن يصرح بانجذابه. نجد في هذا المثال أن الغريزة الجنسية هي الهو، والدافع هو ذلك التوجه لهذه الغريزة نحو تلك الشابة بذاتها، والكبت هو الامتناع عن التصريح، وحتى التفكير فيها، وعندها تنزلق هذه الرغبة إلى اللاوعي ([2]).

يعرف فرويد مصطلح الليبيدو بأنه معادل للطاقة النفسية عموما، أو للطاقة النفسية المنصرفة في الغريزة الجنسية تحديدا:

«حين نميز بين طاقة الليبيدو وبين كل طاقة نفسية أخرى، نفترض أن السيرورات الجنسية في العضوية تتميز عن وظائف التغذية بكيماوية خاصة، وقد بين لنا تحليل الانحرافات، والأعصبة النفسية أن هذا التهيج الجنسي، لا ينبع فقط من الأجزاء التي تسمى تناسلية بل كذلك من سائر الأعضاء، وبذلك ننتهي إلى تصور كم ليبيدوي نسمي ممثله النفسي (ليبيدو الأنا)، وإنتاج هذا الليبيدو، وزيادته، ونقصانه، وتوزيعه، وتنقلاته، وهذه الحالات جميعها هي التي يفترض بها أن تمدنا بوسائل تفسير الظاهرات الجنسية النفسية" ([3]).

ويتابع فرويد شرح نظرية الليبيدو:

«إن ليبيدو الأنا لا يقع في متناول التحليل إلا متى استحوذ على مواضيع جنسية فصار ليبيدو الموضوع، وعندئذ نراه يتركز على المواضيع، ويتثبت عليها، أو يهجرها إلى غيرها، ويتحكم من المواقع التي استولى عليها في النشاط الجنسي للأفراد، ويقود هذا النشاط في خاتمة المطاف إلى الإشباع أي إلى انطفاء جزئي ومؤقت لليبيدو... أما فيما يتصل بالليبيدو الموضوعي فيتبين لنا

---

[1] راجع: فرويد، سيغموند، قلق في الحضارة ، ترجمة جورج طرابيشي، ط3، 1983، دار الطليعة، بيروت، ص 80.

[2] راجع: فرويد، سيغموند، ثلاثة مباحث في نظرية الجنس ، م.س. ص 106.

[3] راجع: راجح، أصول علم النفس، م.س. ص 102.

أنه انفصل عن مواضيعه وبقي معلقا في حالة خاصة من التوتر ثم لا يلبث في نهاية الأمر أن يرتد إلى الأنا ليعود ثانية ليبيدو أنويا، ونحن نطلق أيضا الليبيدو الأنوي بالتعارض مع الليبيدو الموضوعي اسم الليبيدو النرجسي» ([1]).

إن حاجات الإنسان ورغباته يمكن أن ترد جميعها إلى غريزتين يشترك فيهما أفراد النوع الإنساني جميعا، وهما: غريزة الحياة، وغريزة الموت أو العدوان، وبذلك يميز فرويد بين نوعين من الليبيدو:

أ ـ الليبيدو الإيروسي

الليبيدو الإيروسي هو النشاط الذي يؤكد معنى الحياة، ويدعم الذات، ويحافظ على الأنا، ويكون به التكاثر وممارسة الجنس، وتتضح معالم هذا الليبيدو الإيروسي في غريزة محافظة الإنسان على نفسه وعلى النوع الإنساني من خلال الكفاح في الحياة، وفي البناء، والإنشاء والخلق، ويحتضن هذا الليبيدو المركب غرائز التماس الطعام، والغريزة الجنسية، وغرائز الدفاع والقتال والمقاومة ([2])، وكل جهد يقدمه الإنسان من أجل الدفاع عن مبدأ ما، أو قضية ما، أو من أجل الابتكار، أو الاكتشاف، أو البناء، أو التعمير... إن كل هذه الجهود تكون مدفوعة بغريزة الحياة أي بالليبيدو الإيروسي أي الغريزة الجنسية التي لا تبزغ فجأة في سن البلوغ، وإنما تكون هذه الغريزة يقظة ونشطة وفعالة منذ الميلاد، ولا تقتصر وظيفة هذه الغريزة على التناسل، وإنما تمتد وظيفتها لتصبح مرادفة لمفهوم الحب بأوسع معانيه. فهي تتضمن الحب الجنسي وما يهدف إليه من اتحاد جنسي، كما تتضمن حب الذات، وحب الوالدين والأولاد، وحب الأصدقاء، وحب الإنسانية جمعاء، هذا إلى حب الأشياء، والتعلق الحميم بالمبادئ، والأفكار والمعتقدات والمقدسات... فكل هذه الميول تعبر عن غريزة واحدة، وبعبارة أخرى لم يقصر فرويد الغريزة الجنسية على

---

[1] راجع: فرويد، سيغموند، قلق في الحضارة ، م.س. ص: 82ـ83.

[2] راجع: راجح، أحمد عزت، أصول علم النفس ، م.س. ص 104.

الميول الجنسية النوعية بل جعلها تشمل إضافة إلى هذه الميول كل ألوان المودة والمحبة، والتقرب، والتعلق بمختلف صوره، كما اعتبر الجنسية غريزة الحياة لأن الجنسية حب، ومودة، وعلاقات إنسانية، وتصدع الجنسية يعني الكراهية والتدمير أي يعني الموت النفسي والاجتماعي ([1]).

ب ـ الليبيدو الثاناتوسي

وهو النشاط الهدمي الذي يتجه بالحياة إلى اللاعضوية أي الفناء والموت، ويتوسل غريزة الموت والعدوان، وتبدو مظاهر هذه الغريزة في الهدم والتدمير والاعتداء على الآخرين وعلى أنفسنا ([2]).

إن الدوافع العدوانية هي دوافع غريزية موروثة، كالجوع والعطش يحتمهما التكوين العضوي للإنسان، ولذلك فهذه الدوافع العدوانية هي عامة بين البشر جميعهم على اختلاف حضاراتهم وعصورهم، وهذه الدوافع فطرية في بني آدم، فالإنسان يكره أخاه الإنسان بالفطرة، فوراء المحبة الظاهرة بين الناس عداء كامن مستور، وليست طيبة الإنسان إلا وهما وخرافة، وما دام العدوان مظهرا لغريزة، فلا بد أن يشبع كل وسيلة، ولذلك نجد أن الظلم من شيم النفوس، والإنسان لا يعتدي لمجرد دفع الأذى عن نفسه، أو لإزالة العقبات المادية والمعنوية التي تحبط دوافعه، وإنما يقوم بالعدوان لأن العدوان شهوة عنده تطلب لذاتها، فالعدوان في حد ذاته ما هو إلا غاية، ولا بد أن يجد هدفا ينصب عليه سواء كان هذا الهدف ظالما أو مظلوما ([3]).

رابعا ـ الكبت والقمع

يختلف الكبت عن القمع، فالكبت بمعناه العام هو استبعاد دافع أو فكرة

---

[1] راجع: فرويد، سيغموند، القلق في الحضارة ، م.س. ص 87.

[2] م.ن، ص 83.

[3] راجع: فرويد، سيغموند، ثلاثة مباحث في نظرية الجنس ، م.س. ص 91.

أو صدمة انفعالية أو حادثة أليمة من حيز الشعور، وكبت الحوادث والصدمات يعني نسيانها، أما كبت الدافع فيعني عدم الشعور بوجوده، والعزوف عن التحدث عنه، والعجز عن تذكره، وتجنب التفكير فيه، والرغبة في عدم مواجهته، ورفض الاعتراف به إن أفلت من قبضة الكبت، ومن الدوافع ما يؤذي نفوسنا أو يجرح كبرياءنا واحترامنا لأنفسنا، ويسبب لنا القلق، والألم، والضيق إن ظل ماثلا في شعورنا، كشعورنا بالنقص من عيب فينا، أو شعورنا بالذنب من جرم أتيناه، أو رغبتنا في الانتقام من صديق، أو كراهية طفل لأبيه الذي يقسو عليه أو.... إلخ، وكل هذه الدوافع نستبعدها من شعورنا أي ننكر الاعتراف بوجودها حتى لا تكون مصدر إزعاج لنا، والدافع المكبوت هو الذي لا يشعر الفرد بوجوده، ويرفض الاعتراف به لنفسه وللناس وإن انكشف أمره، وتظهر مقاومة أو "رقيب نفسي" بين الشعور واللاشعور، ويحول هذا الرقيب بين الدوافع المقلقة أوالحوادث المؤلمة من البقاء في الشعور أو اقتحامه، وينجم عن كبت الدافع منعه من التعبير الصريح عن نفسه لأن الإنسان ما دام ينكر الدافع ولا يعترف بوجوده، فلن يستطيع إرضاءه بطريقة مباشرة.

يمثل الكبت وسيلة دفاعية وقائية لأنه يقي الفرد مما تعافه نفسه، وما يسبب له الضيق والقلق، وما يتنافى مع المثل الاجتماعية، والخلقية، والجمالية، وما يمس احترامه لنفسه، وهو وسيلة لخفض التوتر النفسي، وللكبت وظيفة هي منع الدوافع الثائرة المحظورة، وخصوصا الدوافع الجنسية المحرمة، والدوافع العدوانية من أن تفلت من زمام الفرد، وأن تتحقق بالفعل بصورة سافرة مباشرة مما قد يكون خطرا على الفرد، أو ضارا بمصلحته في المجتمع ([1]).

يتمثل القمع بالاستبعاد الإرادي المؤقت للدوافع من حيز الشعور، أو يمثل ضبط النفس بمنع الدوافع، والانفعالات من التعبير عن نفسها تعبيرا صريحا، كما يقمع الموظف مظاهر غضبه من مديره في العمل، ونشعر بالدافع للقمع ونعترف بوجوده.

---

1 راجع: راجح، أحمد عزت، أصول علم النفس ، م.س. ص 102ـ103.

إن القمع عملية شعورية إرادية مقصودة يتحكم فيها العقل، فهو ظاهرة إرادية واعية بينما الكبت هو عملية تلقائية لاشعورية أي غير مقصودة، ولإيضاح الفروقات التي ترسم الحدود الفاصلة بين القمع والكبت نورد المثال الآتي:
يرغب شاب جنسيا في فتاة يحرم عليه الزواج بها، ويقوم الشاب بقمع هذه الرغبة إراديا، لأنها تتعارض مع معتقداته الدينية والأخلاقية والاجتماعية... إلخ، أما الكبت فهو عملية (تحتواعية) فالأوالية أي الإجراء، (ردة الفعل) وبمعنى من المعاني القمع يجري هنا على الدافع قبل وصوله إلى الوعي ([1]).
لا يعرف الإنسان أنه يكبت، ولكنه يكتشف كبته عندما تظهر بعض الأعراض على سطح الوعي، وهذه الأعراض هي الأحلام الليلية، أفكار ثابتة، أمراض بدنية أو نفسية، وفي مثال الرغبة الجنسية في المحارم توقف هذه الرغبة من جانب الأنا الأعلى من دون معرفة صاحب الرغبة في هذا الكبت، إلا أن أعراض هذا الكبت تظهر في شكل حلم ([2]).
يأتي الكبت من الصراع بين قوتين اثنتين، هما: الهو والأنا الأعلى، والكبت هو نضال الأنا ضد الأفكار أو الوجدانات الأليمة أو غير المحتملة، وهو أسلوب من الأساليب التي تستخدمه الأنا في الصراعات التي يمكن أن تؤدي إلى العصاب، وهو أسلوب دفاعي يهدف إلى حماية الأنا من المطالب الغريزية، وهو ليس الأسلوب الوحيد الذي تستخدمه الأنا، فإضافة إلى الكبت هناك النكوص، الارتداد ضد الذات، الانقلاب إلى الضد، الإلغاء، الإسقاط... إلخ، ولولا هذه الأساليب الدفاعية، التي حورت الغرائز لما كان لأية غريزة إلا أن تعرف طريقا واحدا هو الإشباع ([3]).

---

[1] راجع: فرويد، سيغموند، ثلاثة مباحث في نظرية الجنس ، م.س. ص 90.

[2] راجع: راجح، أحمد عزت، م.س، ص 138.

[3] راجع: فرويد، أنا ، الأنا وميكانزمات الدفاع، م.س، ص 48.

الفصل الثاني

مدارس التحليل النفسي المنشقة عن فرويد

مقدمة

يسود الاعتقاد أنه لا يمكن لنا أن نتصور التحليل النفسي من دون الإشارة إلى اسم فرويد كزعيم لهذا الاتجاه التحليلي النفسي، غير أن هذا الاتجاه تطور مع تلاميذ فرويد الذين أخذوا ينشقون عنه واحدا تلو الآخر، وهم سنوا لأنفسهم نظرياتهم في التحليل التي تتمايز عن نظرية أستاذهم ثم أصبحت لهم مدارسهم التي ذاع صيتها، وتتلمذ عليها عدد غير قليل، وانتشر علم التحليل النفسي على أيدي تلاميذ التلاميذ حتى أصبح علما معترفا به في جميع المحافل العلمية ويدرس في أغلب جامعات العالم.

تنوعت مدارس التحليل النفسي، وتشعبت قضاياها بعد فرويد، وبدأت تظهر أسماء مدارس جديدة مثل التحليل النفسي للفرد الذي جاء به أدلر (1870ـ1937) الذي يهدف إلى ابراز الشخصية، كما ظهرت مدرسة علم نفس الأعماق، وهذا العلم أتى به يونغ (1875ـ1961) الذي خالف فرويد في الإصرار على الرغبة الجنسية... إلخ، وسنعالج في هذا الفصل بعض هذه النظريات النفسية التي أتت بعد فرويد، ونبحث في القضايا التي جاءت بها، والتي تتعلق بمفهوم التحليل النفسي الأدبي.

أولا ـ مدرسة ألفريد أدلر (1870-1937)

سن أدلر لنفسه منهجا خاصا في العلاج النفسي، كما كان له نظريته الخاصة ومفرداتها، وكان قد رفض اللاشعور الفرويدي، وقال في المقابل بالذات الخلاقة على عكس الأنا الذي قال به فرويد، وأكد أدلر على تفرد الشخصية عند كل إنسان، فالفرد الإنساني يمتلك صياغة فريدة من الدوافع والسمات، والاهتمامات والقيم، وعلى عكس فرويد جعل أدلر الشعور مركز الشخصية، والإنسان عنده كائن شعوري يعرف أسباب سلوكه، ويشعر بنقائصه، ويحس بأهدافه، ويقدر على التخطيط، وكل ذلك يناقض نظرية فرويد التي تجعل الشعور مجرد زبد يطفو على سطح بحر اللاشعور الواسع العميق، ورفض أدلر قول فرويد بأن الأحلام هي تنفيس عن رغبات جنسية، وإنما الأحلام عنده هي تنفيس عن أية رغبات من أي نوع، وتعوض عن النقص في تكوين الحالم أو في حياته، كما رفض أن يكون تحصيل اللذة هو الدافع الأول للسلوك كما كان يقول فرويد، فالإنسان عند أدلر مدفوع بالرغبة في التفوق، وهي رغبة وإن كان يغذيها الشعور بالنقص أو عدم الكفاءة إلا أنها عنصر إيجابي في شأنه أن يدفع الإنسان في حياته إلى التوافق مع الأهداف والمثل الاجتماعية، ويصف أدلر «عقدة أوديب» بأنها من اختراعات فرويد التي لا أساس لها في الواقع، كما رفض نظريات فرويد في الكبت، والجنس عند الأطفال، ورأى أدلر أن الفنون والآداب ما هي إلا تعبيرات عن تأكيد الذات، والتعويض عن القصور والمغالاة في التسيد.

وكان ألفريد أدلر أول من انشق عن صديقه فرويد الذي كان قد دعاه كمؤسس لجمعية الأربعاء التي كانت تعقد في بيت فرويد، وكان ذلك في العام 1902، وفي العام 1910 أصبح أول رئيس لجمعية التحليل النفسي في فيينا بعد فرويد، ولكنه انشق عنه، ومن ثم أصبح من أكبر المعارضين له لأنه نشد

حرية أوسع لأعضاء جمعية التحليل النفسي، وكان فرويد لا يرى غير رأيه، ولا يتسامح مع أية مخالفة لأفكاره، وقال أدلر إن الإنسان كائن اجتماعي تحركه حوافزه الاجتماعية، وإن الاهتمام الاجتماعي فطري لديه، وكان أدلر متأثرا بالفكر الاشتراكي الذي وصل إليه عن طريق زوجته الروسية، ورأى فرويد في دعوة أدلر هذه تأثرا بالشيوعية التي اعتنقها أدلر تحت تأثير زوجته الشيوعية، ومن نقاط الخلاف بينهما رفض أدلر مقولة فرويد أن الغرائز هي التي تحرك الفرد.

أ ـ أدلر وجمعية التحليل النفسي الحر

أسس أدلر في العام 1911 مدرسة خاصة به في التحليل النفسي أسماها «جمعية التحليل النفسي الحر»، ووضع أهدافا لجمعيته، ومنها حرية التفكير، ومحاربة الاستبداد العلمي، والجهاد من أجل البحث العلمي، ولما هاجر إلى الولايات المتحدة أسس هناك «جمعية علم نفس الفرد»، واشتهرت نظريته باسم «نظرية علم نفس الفرد»، وكان فرويد يوجه انتقاداته إلى آراء أدلر معتبرا أن تسمية علم نفس الفرد ما هي إلا دليل على إفلاس أدلر لأن علم النفس للفرد، وفي الحالات الاستثنائية يكون للجماعة، كما انتقد فرويد أدلر لأنه يصف الوصفة نفسها لكل المرضى النفسيين، كما شبهه بالطبيب القديم الذي كان يعطي الدواء نفسه لكل المرضى مهما كان مرضهم، وانتقد فرويد نظرية حفظ الذات في التحليل النفسي الفردي، ورأى أن حفظ الذات يستغل كل المواقف حتى المرضي منها غير أن هناك ظواهر أخرى كالماسوشية، أو الحاجة اللاشعورية إلى العقاب، أو النزعة العصابية للإضرار بالذات، وكل هذه القضايا تظهر وجود نزعات غريزية معارضة لغريزة حفظ الذات، وهذا برأي فرويد دليل على الأساس الهزيل الذي يقوم عليه الهيكل النظري لعلم النفس الفردي،

وبالتالي يشكك فرويد في صحة نظرية حفظ الذات، وعلى الرغم من كل هذه الآراء التي واجهت أدلر إلا أنه سن منهجا خاصا به في التحليل النفسي، ولكنه بقي مغمورا طوال فترة حياة فرويد، ولم يعرف النجاح إلا بعد وفاة فرويد، وبدأت تعاليم أدلر تثمر في النظريات الحديثة في الشخصية، وفي العلاج النفسي، وقبل مرور سنتين على تأسيس أدلر لمدرسته استقال في العام 1913 من مدرسة التحليل النفسي كارل غوستاف يونغ لاستحالة التعاون مع فرويد وأتباعه من مدرسة فيينا.

ثانيا ـ مدرسة التحليل النفسيمع كارل غوستاف يونغ (1875ـ1961)

تعود علاقة يونغ مع فرويد إلى العام 1906 بعد أن قرأ يونغ كتاب «تفسير الأحلام»، ومن ثم توطدت هذه العلاقة، واستمرت مدة تزيد على الخمس سنوات.

كان فرويد يعتبر يونغ خليفته في مدرسة التحليل النفسي، إلا أن علاقتهما بدأت بالتوتر منذ العام 1912، حيث بدأ يونغ يظهر التحرج الشديد من نظريات فرويد الجنسية، وكان يرفض المغالاة في التحدث عن الجنسية.... واعتبر أن نظريات فرويد الجنسية لا تنسجم مع ما بلغته الإنسانية من حضارة كما لا تتماشى مع مبدأ التسامي، وهي تتصادم مع الأخلاق العامة، واعتبر أن الليبيدو هو طاقة حياة، وإن كان في بدايته جنسيا، وهذه الجنسية سلبت منه مع التطور والارتقاء، وهو بالتالي لا يمكن أن يرجع إلى الوراء ليعود جنسيا من جديد، ورفض يونغ أن يرى في عملية الرضاعة ومص الثدي عملية مشابهة جنسية من أي نوع، ولذلك يؤكد أن الأم تشبع في الطفل جوعه، ولهذا يستقي الطفل محبة أمه من حاجته إليها، ولا يرى في حب الطفل لأمه أية رائحة لشهوة

جنسية، أو معنى الاشتهاء الجنسي، وإنما التجاذب بينهما هو تجاذب التكامل، ويعتقد يونغ أن «عقدة أوديب» التي توجد بين الأم والطفل الذكر تماثلها «عقدة الكترا» التي تجمع بين الطفلة والأب.

امتد الخلاف العلمي بين مدرسة النمسا (فرويد) ومدرسة سويسرا (يونغ) إلى خلاف عرقي حيث اتهمت المدرسة السويسرية بأنها آرية التفكير، ومعادية للسامية لأن يونغ كان مسيحيا أصوليا، وعلى الرغم من أن أمه كانت يهودية فإن ذلك لم يمنع عنه اتهامات فرويد العرقية، ومعاداة السامية، وفي المقابل اتهمت المدرسة النمساوية بأن طابعها يهودي.

أ ـ اللاشعور الجمعي عند يونغ

يخاف البشر جميعهم من الظلام، وهذا الخوف من الظلام يشترك فيه كل من الكبير والصغير، ولا يكون هذا الخوف نتيجة خبرات شخصية، ولكنه نتيجة لاستعداد كامن فينا لأن الإنسان عبر العصور كان يخاف مما يخبئه له الليل من مخاطر وأعداء، ويعني اللاشعور الجمعي عند يونغ مخزن حكمة الأجيال وخبرات الإنسانية.

كان يونغ يعالج مرضاه عبر السعي إلى الكشف عن اللاوعي الفردي لكنه لاحظ أمرا مشتركا بين المرضى أثناء تداعي أفكارهم، وهو أنهم كانوا يقدمون له لاوعيا مكررا، بمعنى أن المريض لا يخرج عما سبقه إليه المرضى السابقون، وربما كانت طريقة العرض مختلفة، وقد يفشل أحد المرضى حتى في التعبير عما يريد أن يدلي به، ومع ذلك فقد لاحظ أن هناك أنماطا، أو أشكالا، أو أوضاعا، أو صورا، أو تخيلات تتكرر كثيرا، وبعد أن لفت انتباهه هذا التكرار راح يصنف هذه الأشكال، وانتهى إلى قناعة راسخة، وهي أن ما نسميه اللاوعي الفردي ليس سوى لاوعي جمعي، وكلمة جمعي في هذا المصطلح لا تعني شعبا بعينه، أو أمة من الأمم بل تعني البشرية جمعاء.

نشأ اللاوعي الجمعي مع نشوء الإنسان الذي كان منسجما مع الطبيعة في الفترة الزمنية التي كان فيها الإنسان لا يميز بينه وبين الآخر سواء كان هذا الآخر إنسانا، أو حيوانا، أو طيرا، أو نباتا أو حجرا، ومع ظهور الوعي صار ثمة انفصام بين هذا اللاوعي، والوعي المستمر في النوع.

يؤكد يونغ على اللاشعور الجمعي، ويعتبر أن هناك ذكريات مشتركة، ولغة رمزية مشتركة تجمع بين كل الناس، وتظهر هذه اللغة الرمزية في الأحلام، أو في الرسوم عند البدائيين، أو عند الأطفال، ويسمي يونغ ذلك كله أنماطا أولية.

ب ـ الأنماط الأولية

يمكن إثبات «اللاشعور الجمعي» من مئات المرضى الذين يسردون تخييلاتهم، ولو كان عدد المرضى المئات، أو أضعافا مضاعفة ما تغيرت هذه الأنماط الأولية، وخارج هذه الأنماط لا وجود لشيء، وقد يتولد نمط جديد لكن ولادته لن تكون إلا من أنماط قديمة، أما أن يخلق الفرد نمطا أوليا من عنده فهذا غير وارد على الإطلاق، وقد يغير الفرد بعضا من معالم هذا النمط، وقد يقسمه إلى قسمين أو أكثر، أو قد يركب من بعض أجزائه وأجزاء غيره أوضاعا جديدة كلها تصب في الأنماط الأولية.

إن التباين بين اللاوعي والوعي هو ما جعل الإنسان ضحية الوجود، الذي جعل الإنسان مستسلما لمصيره كغيره من المخلوقات الطبيعية والحيوانية، وإنما أراد أن يعرف ماذا يوجد قبل الولادة، وماذا يحصل بعد الموت، وعندما تخلى الإنسان عن استسلامه وعندما طرح هذه الأسئلة الوجودية الكبرى ولدت الأسطورة، فالأسطورة في التحليل النهائي ما هي سوى مواجهة الجسد لمظاهر الطبيعة والكون، والأسطورة هي في النهاية تعبير عن اللاشعور الجمعي.

لقد رأى الإنسان بعينه السماء فأراد أن يعرفها، وفكر في ما بعد هذه الأرض التي يعيش عليها، وأصبح يطرح على نفسه الأسئلة الوجودية:

هل يصعد الإنسان بعد الموت إلى السماء؟

أم يهبط إلى تحت الأرض؟

هذا التحت الذي تصوره جحيما كان يفزعه لأن كل تحت في التصور البشري يختزن النقصان والانحطاط، والعذاب، ويسكن في هذا التحت مخلوقات مخيفة، ومرعبة، ويغدو العيش هناك لا يطاق، ومقابل ذلك فإن كل فوق يعني الارتقاء، والصعود والسمو، حيث الحياة الهانئة السعيدة؛ إن الفوق هو الفردوس، وهو الجنة، أو باختصار «العالم العلوي»، ونشأت من هذا التفكير الأنماط الكبرى وفاقا للخير والشر: الأب ـ الإله ـ الذكر ـ الجبل ـ الأم ـ الأنثى ـ الغابة ـ الأخ ـ الأخ الأكبر ـ المنقذ/المضحي ـ الشبح القاتل ـ الأخت ـ الأخت الكبرى... إلخ.

فالأنماط الكبرى أو الأولية ما هي سوى عبارة عن تصورات واجه بها الإنسان الكون والطبيعة، وهذه الأنماط اللاشعورية نمارسها في حياتنا اليومية.

إن الأنماط الأولية هي الأعمال الدفينة، وهي مرجل تغلي فيه كل أنواع العواطف والغرائز والانفعالات من شتى الأنواع والأصناف.

1 ـ تطور الأنماط الأولية

تلعب الذكورة والأنوثة دورا حاسما في النشاط الإنساني، ولو كان الجنس البشري منقسما إلى قسمين منفصلين كل الانفصال هما الذكر والأنثى لكان الصراع بينهما صراعا مميتا، وربما كان قد قضي على الجنسين معا، ولكن وجود الأنيما في المرأة يدفعها إلى شيء من العطف والحنان... بينما يدفع الأنيموس الرجل إلى الاندماج والتوحد في النصف الآخر الذي انفصل عنه، غير أن هذا التكامل لم يتحقق ولن يتحقق أبدا ([1]).

يجتمع «الأنيموس الذكوري» و«الأنيما الأنثوية» في الإناث والذكور معا، ولولا الأنيما أو العنصر الأنثوي في الذكور لما كان عندهم سلوك الود والعطف والرحمة... ولولا الأنيموس الذكوري أو العنصر الذكوري في الإناث لما كان

---

[1] راجع: هومبيرت، إيلي، كارل غوستاف يونغ ، ترجمة وجيه أسعد، ط1، 1991، وزارة الثقافة، دمشق، ص 85.

اضطلاعهن بالأعباء، وقد تطغى الأنيموس على الأنيما في الأنثى فتظهر بمظهر ذكور، كما قد تطغى الأنيما في الذكر فيظهر بمظهر الأنثى ([1]).

إن هذا الانقسام إلى ذكر وأنثى هو أول انقسام بشري في التاريخ، وأول توزيع للعمل الذي ترتب عليه ظهور الأنماط الأولية الكبرى أي الأدب: الأب المنقذ/الأب العاطفي/ الأب المستبد/الأب القاتل... وفي المقابل نجد الأم العاطفية/الأم الرؤوم/ الأم القاتلة.../مربية الأطفال وقاتلتهم... والمرأة الطيبة/ المرأة الخبيثة.... إن هذا الشرخ الكبير هو الذي وسم الأدب بسمته منذ ظهوره حتى اليوم، ولهذا ظهرت البشائر الأولى للإلياذة وهي تحمل إلينا صورة الصراع على المرأة.

إن هيلين هي البطلة الأولى لهذه الملحمة، وهي المحرك الأول لكل أحداثها... إن سندريلا وديدمونة وآنا كارنينا... كلهن استمرار لهيلين بصورة أو بأخرى، وإن هيلين لا تزال تعيش بيننا فمنذ الإلياذة والأوذيسة حتى اليوم لم يتغير النشاط الإنتاجي للأنماط الأولية، وهناك تصور أولي للأم والأب والزوجة، وهذا التصور الأولي هو الذي يحدد فهمنا لمعاني الأمومة والأبوة، كما يحدد فهمنا لمعاني الزوجية، والذكورة والأنوثة قدمتا هذه الأنماط محورا أساسيا للأدب، وسوف يبقى هذا المحور فعالا ما دام البشر جنسين، ويعتقد يونغ أن تصوراتنا للأنماط تلعب دورا بالغ الخطورة في الأنماط الأولية أي في الأدب.

2 ـ الانبساط والانطواء

توسع يونغ في شرح نظريته المركزية في الأنماط الأولية، وخصوصا في كتابه «علم النفس التحليلي»، وقد عدل من نظرية الليبيدو عند فرويد، ورأى يونغ أن الانبساط والانطواء هما في أساس التكوين النفسي للفرد، وهما يحددان نمط سلوك الشخصية، ويمثل الانبساط الاهتمام بالعلم الخارجي أما

---

[1] هومبيرت، إيلي، كارل غوستاف يونغ ، م.س، ص 90.

الانطواء فهو انسحاب صاحبه من الاهتمام بالعالم الخارجي. ووافق فرويد على استخدام يونغ مصطلح «الانطواء» للدلالة على الانصراف إلى الهواجس و"التخييلات الشبقية" ([1]).

أ ـ الاتجاه الانبساطي

الانطواء والانبساط هما اتجاهان قد يغلب أحدهما الآخر، ويكون الشخص انطوائيا أو منبسطا إلا أن المنبسط ظاهريا يكون منطويا باطنيا، والعكس صحيح، ويوجد هذان الاتجاهان عند كل فرد.

الاتجاه الانبساطي وتتجه فيه الطاقة المحركة لإشباع الرغبة، أي الليبيدو إلى الخارج (الآخرين)، ويساعد هذا الاتجاه المرء على التكيف مع ظروف الحياة، وهذا يعني أن الانبساطي يكون واقعيا.

---

[1] استخدم فرويد هذا المصطلح «الشبقية»، بمعنى النشاط الجنسي الذي لا تتجه فيه الغريزة نحو أفراد آخرين، ولكنها تحصل على الإشباع، من خلال الفرد نفسه، واللذة المتحصلة هنا ذاتية أي من الشخص وإليه، وهذا ما يسميه فرويد بـ «الشبقية الذاتية» وهي بعكس «الشبقية الغيرية»، وهي النشاط الجنسي الذي يتحصل به الإشباع عن طريق موضوع خارجي، ويمكن أن تكون الغيرية شبقية مثلية أي إن الإشباع يتحقق من خلال الآخر الذي هو من الجنس نفسه، ويذهب فرويد إلى أن مرحلة من نمو الطفل تتميز بالحصول على اللذة من عملية الإخراج ومن لمس الطفل لجسمه بوجه عام، وهذا ما يسميه بـ «المرحلة الشرجية» وتستمر في الأحوال السوية خلال السنتين الثانية والثالثة من العمر، وتأتي بعد «المرحلة الفمية» التي يتركز فيها اهتمام الطفل على فمه خلال فترة الرضاعة، وينسب فرويد عصاب اللمس إلى النهي عن لمس الأعضاء التناسلية الذي يعاقب عليه الطفل باستمرار، والعبارة التي تستخدم لمنع إشباع الرغبة الشبقية هي «لا تلمس»، وقد فسر فرويد مص الإبهام وما شابهه بأنه صادر عن شبقية ذاتية، ويرجع نشاط المص إلى مص ثدي الأم أو الأشياء البديلة، وعن هذا الطريق يتعرف الطفل على لذة المص كنشاط شبقي ذاتي، ويعمل الفم والشفتان واللسان كمنطقة شبقية (*).

(*) راجع: فرويد، سيغموند، أفكار الأزمنة الحرب والموت ، ترجمة سمير كرم، ط1، 1981، دار الطليعة، بيروت، ص 79.

ب ـ الاتجاه الانطوائي

يرى يونغ أن الإنسان الانطوائي هو الانسان الذي تتجه فيه الطاقة النفسية لإشباع رغائبه (الليبيدو) إلى الذات أي إلى الداخل، وهذا الارتداد إلى داخل الذات قد يدمر هذه الذات، والانطواء هو مزاج أو اتجاه يميز الأفراد الذين تنصرف اهتماماتهم في المحل الأول إلى أفكارهم ومشاعرهم الخاصة، ويميل تقويمهم للأمور إلى الذاتية كمركز مرجعي أو إشاري، أما فرويد، فقد استخدم اللفظ دلالة على أن الفرد استدخل الليبيدو فصار بوجهه نحو عالم الصور الذهنية بدلا من الواقع، ولا تعود هناك رغبة في التعبير الحركي، ويتحقق الإشباع الليبيدي في استجابة التخيل وفي الفاعلات التخييلية، أو الهاجسية المتصلة بصور الأشياء الخارجية والأفكار.

يعني الانطواء أن الفرد قد توقف عن توجيه حركته نحو بلوغ أهدافه المتصلة بالواقع، والانطواء يعني علاقة سالبة من الأنا مع الموضوع، والاهتمام لا يكون في اتجاه الموضوع وإنما ينكص نحو الأنا، واعتبر يونغ أن هذا النكوص من قبل الليبيدو إلى الموضوعات الخيالية هو المرحلة التي تتوسط الطريق الذي يفضي إلى تكوين الأعراض، وهذه المرحلة جديرة باسم خاص يدل عليها، واقترح (يونغ) أن يسميها الانطواء، والتسمية بحسب فرويد ملائمة وموفقة، ويكون الانطواء انصراف الليبيدو عن الإمكانات التي تتيح له الإشباع الواقعي، وتراكمه الشديد على أخيلة كانت مباحة من قبل لأنها غير ضارة، والشخص المنطوي لم يصبه العصاب بعد، ولكنه في حالة غير مستقرة فإن لم يحدد مخارج أخرى لطاقة الليبيدو المكبوتة ظهرت لديه أعراض المرض عند أول اختلال يصيب القوى غير المستقرة التي تؤثر في حالته، وأما الطابع غير الواقعي للإشباع العصابي، وزوال الفارق بين الواقع والخيال فيوجدان لديه ابتداء ([1]).

[1] راجع: الحفني، عبد المنعم، م.س، ص 185.

3 ـ الانطواء والإبداع

المبدع شخص لديه الاستعداد الانطوائي، وليس بينه وبين الانطواء مسافة بعيدة، ويصبو في حياته إلى القوة، والطموح والشهرة، ومحبة النساء، وتنقصه الوسائل للوصول إلى تلك الغايات، ولذلك يمج الواقع كأي شخص لم تشبع رغباته، وينصرف بطاقاته الليبيدية كلها إلى الرغبات التي تخلقها تخييلاته، ويغلب عليه الاستعداد إلى الإعلاء، وتتيح له موهبته الخاصة أن يفرغ في أحلام يقظته ما يجردها من طابعها الشخصي، ويجعلها مصدرا للذة والإمتاع، ويعدل فيها فيستر ما علق بأصولها من آثار الحرمان، والكبت، والصراع، والألم، وعندما ينجح في ذلك فإنه يتيح للآخرين بتخييلاته مصادر للعزاء، ومنابع اللذة اللاشعورية، وبذلك ينال تقديرهم، ويحقق عن طريق خياله ما لم يوجد إلا في خياله من التكريم، والقوة، ومحبة النساء.

جـ ـ مصطلحات يونغ النفسية

يعود الفضل إلى (يونغ) في الكثير من المصطلحات النفسية التي ذاع صيتها، ومنها: القناع، الظل، اللاوعي الجمعي... الخ.

1 ـ القناع

يمتلك الإنسان الاستعدادات الكامنة لكي يكون له الدور الاجتماعي، ويطلق يونغ على هذا الدور اسم (القناع)، وكانت الإنسانية تمارس هذا الدور عبر الأجيال، وكل إنسان يحاول أن يوفق بين الأنا ومقتضيات الدور، وإذا فشل في هذا التوفيق فإن الشخص قد ينسى نفسه في الدور، أو قد ينسى الدور ويعيش لأناه فقط، وينشأ الاضطراب النفسي نتيجة اللاتوافق بين الاثنين.

2 ـ الظل

يطلق يونغ مصطلح الظل على الحاجات الغريزية التي تلح علينا، وتطالبنا

بالإشباع، وهي تلاحقنا كالظل، وقصد يونغ من التسمية بالظل أنها ليست حقيقة في الإنسان، وهذا الظل الذي يعني الغرائز هو المسؤول عن رغباتنا جميعها، كما أنه مسؤول عن مشاعرنا غير المقبولة، ومهمة القناع أن يتستر عليها، والأنا الشخصي يكبت هذه الرغبات، وبعضها يفلح في التسلل إلى الأنا والتأثير في السلوك، وإذا سلك الإنسان بحسب مقتضيات الظل فإنه ينجح في إشباع رغباته بالتوافق مع السلوك السوي، والمتناسب مع قوام الشخصية.

3 ـ أنماط الشخصية

قال (يونغ) بنظرية أنماط الشخصية، وتكون الشخصية بحسب النمط الغالب عليها ووظيفته، وقسم الوظائف النفسية إلى: التفكير، الوجدان، الإحساس، الحدس... إلخ، وبحسب إحدى هذه الوظائف يكون الفرد مفكرا، أو وجدانيا، أو حسيا، أو حدسيا.... إلخ، وكل هذه الوظائف تتكامل وتعوض بعضها بعضا ([1]).

د ـ مقارنة بين فرويد ويونغ

يعتقد يونغ أن الأنا هو قوام الشخصية على عكس فرويد الذي يرى أن الأنا هو بمثابة العقل الشعوري، وأما اللاشعور الشخصي فيشبه بما قبل الشعور عند فرويد، ويلحق يونغ باللاشعور الشخصي عقدة الأم، وهي عنده بالمعنى الإيجابي، وليس السلبي كما يقول فرويد، والعقدة عند يونغ تعني عددا من الخبرات، والإدراكات الوجدانية التي تتحلق حول النواة، وتشد عليها الخبرات المشابهة، فعقدة الأم هي خبرة عامة عند الإنسان بما عليه الأم، وكأنها صورة مشتركة، أو مثالية لمقتضى دور الأم، وتضاف إليها الخبرات الخاصة فتكبر العقدة التي ما هي سوى عبارة عن مقدار دور الأم في حياته، وتأثير هذا الدور في تفكيره وسلوكه، فإن كان هذا الدور كبيرا يمكننا أن نقول إن أحدا من

[1] راجع: الحفني، عبد المنعم، م.ن، ص 187.

الناس يعاني عقدة الأم، وقولنا هذا يعني أن لأمه دورا بارزا في حياته، وأن صورتها عنده تشغل مكانا في نفسه أكبر من صورة الأم عند إنسان آخر ([1]).

ثالثا ـ مدرسة رانك أوتو (1884-1939) «صدمة الميلاد»

انشق في العام 1924 عن فرويد رانك أوتو على أثر نشر كتابه «صدمة الميلاد»، ورانك من عائلة متوسطة عرفه أدلر على فرويد الذي أولاه رعايته، وأنفق على تعليمه، وصار منه بمثابة ربيبه.

وكان يتولى مهمة الدفاع عن نظريات فرويد في التحليل أمام المثقفين والمتخصصين، كما عمل رانك فترة طويلة سكرتيرا خاصا لفرويد، ولما تنبه فرويد لحقيقة أبعاد نظرية رانك بدأ يبعده عنه حتى هجر رانك فيينا إلى باريس في العام 1924، وبعد عشر سنوات أي في العام 1934 هجر باريس نهائيا إلى الولايات المتحدة الأميركية، وبذلك انقطعت علاقته نهائيا بفرويد.

كان فرويد شديد التعصب لأفكاره لذلك كان ينعت المختلفين معه بشتى النعوت، فيونغ معاد للسامية عنده على الرغم من أن أم يونغ كانت يهودية، واتهم أدلر بالشيوعية لمجرد أن زوجته روسية، على الرغم من أن أدلر وجماعته الذين استقالوا معه كانوا جميعا من الطائفة اليهودية، حتى ربيبه رانك لم يتورع عن طرده لمجرد نشره كتابا يخالف فيه بعض نظريات أستاذه في التحليل النفسي.

تنطلق نظرية رانك أوتو "صدمة الميلاد" من قاعدة «كما يكون الطفل يكون الأثر»، وهذه الصدمة هي التي تفسر نفسية الفرد في كل مراحل حياته، وإحاطتنا بنفسية الفرد تطلعنا على مقدار ما سببته له صدمة الميلاد، وحينها نستطيع أن نعلم مقدار صحة حياته النفسية.

خالف رانك فرويد في نظريته «أوديب»، واتجهت اهتمامات رانك إلى الأمومة بديلا من الاهتمام بالأبوة، وقد اعتبر أن الاهتمام بالأم هو أمر طبيعي

---

[1] هومبيرت، إيلي، «كارل غوستاف يونغ» ، م.س. ص 140ـ141.

ما دامت عملية الولادة عنده هي أهم عملية توتر تحدث في نفسية الفرد، والانفصال الأول الذي ينتج عنه القلق الأصلي هو انفصال الطفل عن أمه في أثناء الميلاد، وهو ما يشكل الصدمة الأولى أو الصدمة الكبرى ثم تتوالى بعدها الانفصالات المؤلمة عن الأم كالانفصال عن الثدي في فترة الفطام التي تعيد الطفل إلى تجربة الميلاد، وكذلك الانفصال عن الأم في فترة انتقال الطفل إلى المدرسة، ثم يكون كل انفصال آخر عن أي شيء، أو عن أي شخص عزيز تكرارا جديدا لتجربة الميلاد، وهذه الانفصالات المتتالية التي يعانيها الشخص في حياته هي في أساس كل اضطراب عصابي، والقلق الذي ينتاب كل شخص أساسه صدمة الميلاد.

إن عملية الولادة تمثل لكل طفل الأساس البيولوجي لكل ما هو نفسي، وكل حادث مؤلم في حياتنا ينشط تجربة الميلاد المريرة، ويزكي القلق الذي استثارته، وما صاحبها، ويمكن رد كل الظواهر الثقافية في المجتمع إلى عادات وسلوكيات الميلاد لديه، واعتبر رانك أن الفن كالدين هما تعبيران عن إرادة الخلود لدى الإنسان، وهذه الإرادة في الخلود هي التي يعول عليها، لإنتاج إرادة العلاج وإرادة الصحة عند مريض العصاب الذي يعاني من أحد مظهرين هما: الخوف من الحياة، أو الخوف من الموت.

أ ـ الخوف من الحياة

يجعل الخوف من الحياة صاحبه في حال ابتعاد عن صخب الحياة، ويحوله إلى إنسان لا يريد أن يدخل في تجارب يظهر منها إقباله على الدنيا، وعلى الأصحاب والأهل، ويبدو شخصا غير محب ومبتعد عن الناس والحياة لأنه يخاف أن يعاني الانفصال الذي تأتي منه المكدرات، كما أنه يخاف أن تكون له إسهامات حيوية وإبداعات قد يحسده الناس عليها، أو يكيدون له بسببها، وبالتالي تسبب له الألم، وهو لهذا كله يؤثر أن يعتزل الناس ([1]).

---

[1] Baudouin, Charles, Psychanalyse de Victor Hugo , édition Armand Colin, Paris, 1977, P. 29.

ب ـ الخوف من الموت

يخشى الخائف من الموت على نفسه من أية أحداث، كما يخشى أن تأخذه الشواغل، أو يفقد نفسه في الأشياء، وفي قيم الناس، وتضيع فرديته، وتبتلعه المجاميع، وبالتالي يريد أن يكون نفسه أولا، ولكنه لو فعل سيعتزله الناس فيموت في حياته، ولا يصبح له ذكر بعد مماته، ويعيش الإنسان في دوامة هواجسه هذه غير أن الإنسان السوي هو أن يتوافق مع قيم المجتمع، أما بالنسبة إلى المبدع فهو يحتمل أن يقف وحده نظير أن تكون له خصوصيته وتفرده، وأما العصابي فلا يقبل هذا الحل أو ذاك، ويحرمه قلقه الذي يعانيه من مواجهة استقلاله كما يحرمه من تأكيد قدراته، ولا يجعله هذا القلق قادرا على أن يبذل نفسه في الصداقة والحب، وبالتالي لا يستطيع العصابي أن تكون له تلقائية، ولا أن يستشعر فرديته، وهو لا يسمح لنفسه أن يكون مع الآخرين، ومنهم، وأن يندمج فيهم، والعصابي لذلك هو إنسان متمرد يخاف من ميوله التي تدفع به إلى التمرد، ويهمه أن يبقي هذه الميول المكبوتة ([1]).

جـ ـ إرادة الحياة عند رانك

توجه رانك في علاجاته إلى الملابسات الانفعالية في جلسات التحليل، ومقاومات المريض لمحاولات المحلل لذلك كان يتودد إلى مريضه، ويعقد معه علاقة ما من شأنها أن تيسر له إدراك مقدار القلق الذي يعانيه هذا المريض، فينفذ مباشرة إلى نوعية الخبرات التي كانت له في طفولته، وبذلك يقصر مدة العلاج، وبعد وقت استبدل رانك طريقته هذه بطريقة أخرى أطلق عليها اسم «علاج الإرادة»، ومهمة المحلل بهذه الطريقة هي أن يثقف ويدرب مريضه على أن تكون له إرادة صحة، وأن يوطن نفسه على أن يولد من جديد، وبنفسية

[1] Betelheim, Bruno, Psycanalyse des Contes de fées, Editions Robert Laffont, Paris, 1976, P. 17-18

جديدة، وعقلية ثانية، وشخصية متغيرة، كما يقنعه بأنه سوف يتخلص من القلق، وينهي بنفسه أية توترات، ويسقط مشاعر الذنب، ويهب لنفسه حياة جديدة يؤكد فيها إقباله على العيش، وامتلاك أسلوب متميز به، والتمتع باستقلاليته وفرديته، وعليه أن لا يخشى ميوله ولا الناس من حوله ([1]).

ويعرف رانك الإرادة بأنها مقولة من مقولات التحليل النفسي، وهي طاقة إيمانية يختص بها الإنسان من دون بقية الأجناس الحيوانية، ويعتبر رانك أن الإنسان حيوان مؤمن متميز بدافع الخلود، وهذا الدافع هو الروح، ويؤكد رانك على ضرورة التحرر الروحي للفنان كي يخلق ويبدع، وعملية التحرر الروحي تكلف الفنان صراعا مع المجتمع والقيم السائدة فيه، وصراعات الفنان هذه تولد فيه مشاعر الذنب، فيتألم ويقلق، وبالتالي فإن حياة الفنان الحقيقية هي حياة مأسوية ([2]).

رابعا ـ مدرسة مارت روبير "رواية الأسرة"

تحت تأثير نظرية "صدمة الميلاد" التي قال بها رانك، ظهرت في العام 1972 دراسة مارت روبير «رواية الأصول وأصول الرواية»، التي بحثت فيها عن تحديد الجنس والفكر المختصين في علم الرواية، وقادها بحثها إلى اكتشاف النواة الأولى التي تصدر عنها الرواية، وافترضت مارت قصة خيالية، ولكنها عجيبة غريبة، ومفادها أن كل إنسان يروي لنفسه في طفولته تلك القصة عندما يبتعد تدريجا عن مكانه الأول الذي يحتفظ به لوحده في المنزل، وأمام الإحساس بالحياء بسبب سوء ولادته، والغبن اللاحق به، وتخيله فقدان محبة والديه، فإنه يبحث عن وسيلة للشكوى ليخفف عن نفسه، ولينتقم من محيطه فيتظاهر بأنه لا يعترف بأقاربه، فهم لا يمتون إليه بصلة، وتتفاقم تخييلاته

---

[1] راجع: الحفني، عبد المنعم، م.س. ص 250.

[2] م.ن، ص 25.

فيتخيل في مرحلته الأولى أنه طفل أمير يلاحقه والده، ثم في المرحلة الثانية يتخيل أنه طفل لقيط ([1]).
وتعتقد مارت روبير أن ثمة رواية تتكون على مرحلتين من أحلام اليقظة الطفولية، فالطفل في الواقع يرى في أبويه، وفي فترة زمنية طويلة قوتين وصائتين توزعان الحب والعناية باستمرار، وهو بالمقابل لا يخلع عليهما بصورة عفوية سلطة مطلقة فحسب، بل يخلع عليهما أيضا قدرة لامتناهية على الحب والكمال يضعانهما فوق العالم الإنساني بكثير، ولا يمضي إضفاء المثالية بالنسبة إلى الموجود الضعيف الذي يهدده الخطر من كل مكان من دون أن يفيد منه فوائد جمة، والواقع أنه يجد فيه على وجه الضبط ما يعوزه في إحساسه بوجوده العابر، أي يجد ضربا من ضمان الأمن عند من يملك القوة المطلقة، ويصبح فيما بعد هو ذاته الطفل/الإله، فالحب الذي يمنحه لأبويه يرتد إليه مباشرة، ومجد أبويه يتفجر تفجرا جديدا، والمرآة التي ضخمها إعجابه تحيل عليه توا صورته الخاصة التي جعلتها المرآة عظيمة ([2]).

1 ـ النرجسية الطفولية

تزيد «النرجسية الطفولية» من تمجيد الصورة، وكذلك عالم الطفولة الأولي المتسم بالمغالاة، وتميل هذه المغالاة ميلا طبيعيا إلى دوام التعظيم، والحال أن الحياة ذاتها تفصل في الأحداث على نحو مختلف، وذلك أن الطفل يكبر وتبدأ العنايات المستمرة التي كان يحاط بها بالتراخي، فيبدو له حب والديه في نقصان عندما يشاركه في هذا الحب قادم جديد أو أكثر، ويرى نفسه ضحية خديعة أو خيانة حقيقية، ويلمح في الوقت نفسه أن أباه وأمه ليسا الأبوين الوحيدين في هذا العالم، ويعلم الطفل مع أول تجربة اجتماعية أن ثمة آباء

---

[1] راجع: روبير، مارت، رواية الأصول وأصول الرواية ، ترجمة وجيه أسعد، ط1، 1987، اتحاد الكتاب العرب، دمشق، ص 94.

[2] م.ن، ص ن.

آخرين، وأن كثيرا منهم أسمى من أبويه على نحو من الأنحاء، إذ إنهم أكثر ذكاء، وطيبة، وثروة، ومنزلة، وبذلك تنتهي لديه العبادة العمياء التي كانت تلخص منذ عهد قريب أحكامه كلها، ويقف وجها لوجه أمام خيبة الأمل الجديدة والمهانة العاطفية، ووقوع الطفل في هذه الخيبة بين يقظته الفكرية وتعلقه باعتقادات بالية، يعرضه التخلي عنها إلى الخطر، و في المقابل هو مجبر على المضي إلى الأمام تحت طائلة فقدان الفائدة التي يجنيها من مكتسباته، ولكنه عاجز عن التخلي عن فردوسه الذي لا يزال يعتقد أنه أبدي، وعلى الرغم من كل شيء فإنه لا يفلت من التمزق إلا باللجوء إلى عالم أكثر طاعة لتمنياته، وبذلك يلجأ إلى الحلم.

أ ـ الطفل اللقيط

يتوصل الطفل في حلم اليقظة إلى أن يقص على نفسه حكايات يعيد فيها ترتيب حكايته ترتيبا متحيزا، فيبتدع قصة أسطورية خاصة بسيرته الذاتية يتصورها لشرح الخزي المتعذر شرحه، والناشئ من كونه عامي النسب، ومغبونا، ومحبوبا عاثر الحظ، ولا يحتاج الطفل إلى خديعة معقدة جدا لتؤلف عقدة روايته الأسرية، فأبواه اللذان أصبحا غير معروفين في عينيه منذ أن اكتشف وجها إنسانيا لهما، وهما يبدوان أنهما قد تغيرا كثيرا، وهو لم يعد بوسعه التعرف عليهما كأبوين، ويستنتج أنهما ليسا أبويه الحقيقيين بل هما غريبان عنه تماما، فهما شخصان من الأشخاص لا يجمعه معهما جامع سوى استقبالهما له وتربيته، وإذ يفسر الطفل عاطفة الغربة التي توحي له أنهما الآن معبوداه القديمان اللذان سقط القناع عنهما، فإن بوسعه من الآن وصاعدا أن ينظر إلى نفسه على أنه طفل لقيط ومتبنى، وستظهر يوما من الأيام أسرته الحقيقية الملكية بحسب اعتقاده، أو النبيلة، أو القوية على نحو من الأنحاء، ويشعر أن الدهر ابتلاه بأبوين غير جديرين به، وتسوغ له هذه القصة الأسطورية أكثر ضروب الانتقام خطورة، فالثأر من خطأ الأبوين النبيلين المتخيلين يمارس على الأبوين الفعليين اللذين يضاعف نسبهما الوضيع عدم الجدارة به، ويفلح الطفل ذهنيا في حل المهمتين المتناقضتين اللتين لاحظ له في التوفيق بينهما، وهما: أن ينضج

وهو يرفض التقدم، ويتم نجاحه بفعل الانزياح البارع الذي يفضي إلى اتهام، وإلى معذرة مستترة، فالأبوان آثمان لأنهما يظهران ما لا يتصفان به، ومع ذلك فإنهما ليسا موضع اتهام الآن، وما يخيب الأمل فيهما يجبر لحساب أناس غرباء، والطفل في الحقيقة يبعد أبويه لكي يعبر عن رغبته في أن يبتعد عنهما، ويفلح وهو يخطو خطوة نحو الاستقلال الانفعالي، وروح النقد الحر في أن يمدد بعض الزمن وجوده في جنته الأسرية التي يستعجل هو نفسه نهايتها ([1]).

ب ـ الطفل غير الشرعي

عندما يصل الطفل إلى المرحلة التي يتعرف خلالها على الاختلاف الجنسي بين الأب والأم، ويعلم أنهما لا ينتميان إلى عالم واحد بل إلى فئتين متميزتين جيدا إحداهما أنثوية، ويتخيلها قريبة ومبتذلة، والأخرى ذكورية بعيدة ونبيلة، يصمم الطفل في هذه المرحلة من نموه على أن يحتفظ بأمه الحقيقية مع سماتها المتواضعة، وينصب عمله على الأب الذي يعرف سمته المشكوك فيها، وفي هذه المرحلة من الشك ينتقل من الظن إلى الحقيقة انتقالا مباشرا، وينسب إلى نفسه أما عامية النسب، وأبا ملكا خرافيا، وأكثر رفعة ومنزلة بقدر ما هو أكثر بعدا، وينسب إلى نفسه ولادة غير مشروعة تلقي بسيرته الذاتية المزيفة على دروب جديدة حيث ينتظره كثير من القفزات، ويكشف الاتجاه الجديد للرواية الجنسية عن دوافع الطفل من خلال الحيل التي يبتدعها ليموه هذه الدوافع، والواقع أن الطفل يضع نفسه، وهو يعلن بأنه ابن غير شرعي في وضع يتيح له أن يعرض عرضا مفصلا بواعث الحقيقة، وسير رغباته الخفية، وهو يحتفظ بأمه إلى جانبه ليخلق صميمية تزداد عمقا بقدر ما تفرض نفسها مستقبلا في القصة على أنها الرابطة المشخصة الوحيدة ثم يضع والده في مملكة من الخيال الأسطوري ([2]).

---

1 راجع: روبير، مارت، رواية الأصول وأصول الرواية ، م.س، ص 95.

2 م.ن، ص 95ـ96.

2 ـ تحليل "الرواية الأسرية"

تتكون مدرسة مارت روبير في التحليل النفسي على مرحلتين:

أ ـ المرحلة الأولى

تنشأ مع أحلام اليقظة في التكوين الأول للإنسان، وهي النواة الأولى لكل رواية ممكنة، وكل مرحلة من المرحلتين هي رد فعل الطفل على وعيه الأولي لذاته ولعالمه الذي هو عالم أسرته أو هما تقييمه لذاته ولعالمه، بحيث يليق بذات لا تزال نرجسية، وفي هذه الفترة التي تسبق المرحلة التي يستطيع فيها الطفل التمييز بين الجنسين المذكر والمؤنث وفيها تولد رواية الإبن اللقيط، وفي الفترة التي يدرك فيها الطفل التمييز بين جنس والده المذكر والجنس المؤنث لوالدته تولد رواية الإبن غير الشرعي، وبالتالي تتألف الرواية الأسرية من فصلين: الأول عنوانه الطفل اللقيط، والفصل الثاني يتسم بالإبن غير الشرعي.

ب ـ المرحلة الثانية

تتكون هذه المرحلة مع انتهاء فترة الطفولة التي تتبدل فيها اهتمامات الولد، ويطوي النسيان الرواية الأسرية وينقلها الشعور إلى اللاشعور، حيث تواصل حياتها الخاصة في علاقة متواصلة وغير مباشرة مع أحداث حياة الإنسان، والكثير من الروايات هو بالنتيجة رواية واحدة، وهو استعادة بأشكال لا تنتهي لحلم الطفولة، والروائي ما هو إلا شاهد متميز على استمرار التخيل الأول في حيواتنا التالية، كما أن كل كتابة هي استمرار رغباتنا الأولى المكبوتة، وما يميز الكاتب أو الروائي هو قدرته على أن يقول ما يعجز عن قوله الإنسان العادي، وتكون مهمة تحليل الرواية أية رواية، هي أن تزيح الحجاب الكثيف الشفاف الذي يختفي خلفه الروائي عن قصد أو عن غير قصد ([1]).

---
[1] روبير، مارت، رواية الأصول وأصول الرواية ، م.س، ص95-96.

الفصل الثالث

علم النفس الاجتماعي

مقدمة

بدأ يتطور التحليل النفسي منذ الثلاثينيات والأربعينيات من القرن الماضي، وخصوصا في الولايات المتحدة الأمريكية وإنكلترا، واخذ يتجه هذا التحليل إلى علاج المرضى النفسانيين في جماعات، وكما يحدث مع المحلل في جلسات العلاج الفردي يحدث كذلك في جلسات العلاج الجماعي، غير أن هناك اختلافا يظهر بين الطريقتين الجمعية والفردية. فقد لوحظ أن آليات «التحويل والمقاومة» ([1])، لها شكلان مختلفان، يكونان على شيء من التعقيد، فالمريض تتنامى لديه مشاعر تحويلية تجاه المعالج، وأعضاء الجماعة. كذلك يدرك أن هذه الجماعة هي إعادة إحياء لأفراد أسرته، وهو طفل، وتستيقظ فيه من ثم مشاعر الطفولة تجاه أفراد أسرته متمثلين في أفراد الجماعة، ويرى المحلل في دور الأب، وأفراد الجماعة في أدوار الأخوة، أو الأخوات، ولذلك فإن المحلل عليه من وقت لآخر أن ينبهه إلى ظاهرة التحول هذه، وأن هذه المقاومة التي يستنهضها ما هي إلا تمثل المريض لأفراد أسرته في المحلل وأفراد الجماعة، ومن هذه الطريقة استطاع التحليل النفسي أن يمدنا بمناهج ومصادر جديدة للمعرفة، وهذه المصادر قد أدت إلى الكثير من الكشوف في مجال الصحة، والمرض، والإبداع الفني، والفلسفي، والديني والاجتماعي، والأدبي واللغوي... إلخ، وتوسعت هذه المعارف، وأدخلت الجماعة في ميدان التحليل النفسي، وقد بدأ فرويد منذ العام 1921 بالتطرق إلى موضوع جديد هو

---

[1] راجع: فرويد، أنا ، الأنا وميكانزمات الدفاع، م.ن، ص 8.

علم النفس الجماعي كمقابل لعلم نفس الفرد، واعتبر عملية تكوين الأنا من أهم عمليات التنشئة الاجتماعية، والأنا الجمعي هو مقابل العقل الجمعي، وبذلك لا يتمكن التحليل النفسي من كشف طوايا الفرد إلا من خلال علاقته بالآخرين.

انتقل علم النفس الاجتماعي مع إريك فروم (1900ـ1980) إلى آفاق جديدة، ومن ثم استمرت مفاهيم هذا العلم بالتطور حتى أصبح من أساسيات علم النفس، ونحن سنحاول في هذا الفصل إبراز أهم القضايا النفسية الاجتماعية التي تترك بصماتها على النص الأدبي.

أولا ـ فرويد وعلم النفس الاجتماعي

تأثر فرويد كثيرا بمؤلفات مشاهير علم النفس الاجتماعي في عصره من أمثال (لوبون) صاحب كتاب «علم نفس الجماهير» الذي صدر في العام 1895، والذي قد قارن فيه بين العقلية الجمعية وعقلية البدائيين الأطفال، كما تأثر بـ(مكدوجال) صاحب كتاب «العقل الجمعي» الصادر في العام 1920، وكذلك تأثر بـ (تروتر) صاحب كتاب «غرائز القطيع في السلم والحرب» الصادر في العام 1916.

توافق العديد ممن ذكرناهم من المؤلفين الذين عالجوا قضايا علم النفس الاجتماعي، على أن وجود الإنسان في الجماعة من شأنه أن يؤثر في الفرد بالسلب، ويدفعه إلى النكوص فكريا، وانفعاليا، وسلوكيا، فيقول، ويفعل، ويبدي من الانفعالات ما يعد بكل المقاييس انحدارا، أو انحطاطا، ويصبح غريزيا، وعفويا، ويتصرف لاشعوريا، وبلا مسؤولية، وكأنه عاد طفلا، ونبه (مكدوجال) إلى ما يميز الجماعات بعضها من بعض، وقال إن كل جماعة لا بد أن تختزن تنظيما معينا، أو قدرا من التنظيم، وأن الفرد يختلف سلوكه في كل جماعة بحسب هذا التنظيم القائم في الجماعة، أو بحسب الأنظمة التي تعمل وفاقا لها، وتنظم علاقة الفرد بالجماعة أو العكس ([1]).

أ ـ الليبيدو الإيروسي أساس الاجتماع الإنساني

يرى فرويد أن العقل الجمعي هو نتاج العلاقات العاطفية بين الأفراد، أو بلغة التحليل النفسي، العقل الجمعي هو نتاج العلاقات الليبيدية، ولا توجد الجماعة بعضها مع بعض كجماعة إلا لأن هناك شيئا ما يشدها بعضها إلى

[1] راجع: زهران، حامد عبد السلام، علم النفس الاجتماعي ، ص 4، 1977، عالم الكتب، القاهرة، ص 9ـ10.

بعض، ويحفظ لها اجتماعها، وهذا الشيء هو الإيروس أي الحب، وهو المبدأ الذي يوحد بين الأشياء ويؤلف فيما بينها، وكل فرد من الجماعة يؤثر ويتأثر بغيره، ويتم ذلك بطواعية لأنه يتعايش مع الآخرين، وعليه أن ينسجم معهم لا أن يكون في صدام دائم مع محيطه، وربما يتقبل الفرد التعايش مع قوانين الجماعة حبا بهذه الجماعة التي يعيش بين ظهرانيها، وتكون مهمة التحليل النفسي الكشف عن هذه العلاقات الليبيدية التي يقوم عليها الاجتماع الإنساني.

تتناقض عواطف الإنسان الذي يحب ويكره في الوقت نفسه، وأحيانا يغصب أحدنا الحب على الظهور غصبا، وأحيانا تغلبنا الكراهية وتعلن عن نفسها، وربما يكون ظهور الحب أو الكراهية بحسب مصلحة الفرد، ومن المؤكد أن المصالح المشتركة تزيد الحب متانة، وتدل بحوث التحليل النفسي على أن الليبيدو الفردي لا يمكن أن يتطور بدون العلاقات الاجتماعية، ويشحن الليبيدو الحاجات الكبرى اللازمة للإنسان، ويختار أن يرتبط أول ما يرتبط بالناس الذين لهم اتصال مباشر، أو غير مباشر بتوفير هذه الحاجات، وفي تطور البشرية ككل، وكما في تطور الأفراد فإن الحب وحده هو الذي يقوم بدور العنصر الحضاري، بمعنى العنصر الذي يتحول بالأنانية إلى الغيرية، وهذا حقيقي في مجال الحب للنساء لأنه هو الذي يجعلنا نحبهن حبا غيريا لا أنانيا، حبا نحب فيه كل ما يحببنه، أما الحب الذي نحبه لغير النساء فهو الحب الذي يكون خارج الإطار الجنسي، وهو الحب المتسامي الذي نكنه لأفراد الجنس البشري الذين نجتمع معهم في المكان السكني الواحد (الحي)، أو في مجال الدراسة، أو العمل أو.... إلخ، وهذا الحب لا يشحن موضوعاته شحنا، وإنما له ميكانيزماته الأخرى غير الجنسية التي يصنع بها الروابط الليبيدية بين البشر، وهذا ما يسميه فرويد بالتعيين أو التقمص.

ب ـ التعيين

التعيين هو الشكل الذي يمكن أن تتخذه روابط الليبيدو بين اثنين، فالولد الصغير مثلا يتعين بأبيه، ولكنه يحب أمه جنسيا، وهذا الحب يجعله يصطدم بأبيه لأنه يشعر بتلك المشاعر المستترة تجاه أمه، وهو يغار من أبيه، ويخشى عقابه في الوقت نفسه، وبالتالي يعاني مشاعر متناقضة تقوم بها ما يسمى بعقدة أوديب، أو الموقف الأوديبي، وهذا التناقض في المشاعر، أو هذه الازدواجية في العواطف هي من مخلفات مرحلة التطور الفمي، وهذه المرحلة هي الفترة التي كان الولد فيها يتعلق بثدي أمه فيحبه ويكرهه في وقت واحد؛ يحبه حين يتغذى منه ويكرهه حين يمتنع عنه عندما يريده أو يطلبه ولا يجده، وهو لذلك يتعين بالثدي في الحالتين، وهذا التعيين الأولي يختزن العاطفتين؛ الحب والكراهية، وبخلاف هذا التعيين الذي هو ارتباط ليبيدو مباشر بالموضوع، وهناك تعيين باستدماج الموضوع في الأنا بدلا من الارتباط به ليبيديا، وهناك تعيين ثالث لا يكون بموضوع جنسي، ولكن بعامل لا يكون هو العامل المشترك بين المتعين والمتعين به، ويفترض فرويد أن أنا الفرد يتعين بأنوات أفراد جماعته من خلال عامل مشترك هو تعينهم جميعا بأنا القائد، أو الزعيم للجماعة، وتوجد أنواع أخرى من التعيين فهناك تعيين بالموضوع المفتقد، وهو ضرب من الاستدماج، وقد ينقسم الأنا على نفسه بهذا التعين، ويقوم الصراع بين الأنا الأصلي، والأنا الآخر المستدمج.

والتعيين وإن بدا كالحب إلا أنه يفترق عنه ففي التعيين يتساوى أنا المحب، وأنا المحبوب، وكأنه لا فرق بينهما، وفي المحب يصبح أنا المحبوب هو الأنا المثالي للمحب، والحال في الحب كالحال في التنويم، وفي التنويم يصبح أنا المنوم هو الأنا الأعلى للمنوم، وفي التنويم لا وجود للجنس، وفي الجنس الحب في حالة كف، والعلاقات التي تتجرد من الجنس تتأكد بينما

العلاقات التي تتم على أساس الإشباع الجنسي، تكون مهتزة وقابلة للانهيار لأن الجنس عامل فصل وتفرقة.

تحدد الروابط الليبيدية ـ بحسب فرويد ـ أساس العلاقة التي يمكن أن تجمع بين أعضاء الجماعة الواحدة، وبين أعضاء هذه الجماعة وزعيمها، أو قائدها، ولأن الجماعة ترتبط بزعيمها، أو قائدها، فإنها جعلت أناه في مكان أناها المثالي، وإن علاقات أفرادها بعضهم ببعض تجمعهم هذه الخصوصية.

جـ ـ التقمص

يعيش كل فرد في عصرنا تعقيدات متنوعة، وهو جزء من جماعات كثيرة، ويرى نفسه في تعينات وروابط، ويتمثل لنفسه أنا مثاليا على منوال نماذج متنوعة، وكل فرد يشارك في عقول جماعية كثيرة، وهو يشارك في العقل الجماعي لجنسه العرقي، ولطبقته الاجتماعية، ولجماعته الدينية، ولمواطنيه... إلخ، ويمكن أن يعلو عليها، وتكون له استقلالية، والفرد الجديد يمكن أن يستبدل بأناه الأنا المثالي للجماعة، والمتجسد في الزعيم أو القائد إلا أن ذلك لا يحدث عند الجميع بدرجة واحدة، وبعضهم لا يزال الأنا عنده متوافقا مع الأنا المثالي، وبعضهم لا يزال الأنا عنده على حاله من النرجسية الأولى، وهؤلاء يتوافقون مع أي زعيم، وأما غيرهم ممن يسهل استهواؤهم فهؤلاء سرعان ما يتقمصون ما يكون متاحا لهم من الزعماء، ولعب الزعيم الدور الاساس في التجمعات القبلية الأولية التي كانت النموذج الأول للأسرة الإنسانية، وكان فيها الأب هو المثل الأعلى للجماعة، والمتحكم فيها، وأناه هو أناها، ورأى فرويد أن أية جماعة تتكون حاليا إنما هي إحياء للقبيلة الأولى، ومن ثم فإن سيكولوجية الجماعة هي أقدم أنواع السيكولوجيات البشرية، ولا بد أن سيكولوجية الفرد هي قديمة لكنها خرجت من سيكولوجية الجماعة، والواقع أن سيكولوجية الجماعة قد خرج منها نوعان من السيكولوجيات:

النوع الأول: سيكولوجية الأفراد الأعضاء في الجماعة، وكانت تربط الأفراد الأعضاء روابط لبيدية.

النوع الثاني: هو سيكولوجية الأب، أو الزعيم، أو القائد، وكان زعيم القبيلة الأولى متحررا من كل الروابط، وكانت له القوة المطلقة، والسلطة الكاملة، ولم يكن يحب أحدا إلا نفسه، أو كان يحب من الآخرين من يخدم أغراضه، ويعطي فرويد أهمية قصوى لفكرة القيادة، أو القائد أو الزعيم، ويشرح التحليل النفسي بحسب فرويد فكرة القائد الزعيم الذي هو بمثابة الأب للأسرة، ومن أجل إثبات فكرة الزعيم يدرس فرويد جماعتين أساسيتين في الاجتماع الإنساني هما: جماعة العسكر والجماعة الدينية.

1 ـ الجماعة العسكرية

هي جماعة منضبطة وملتزمة بشدة بنظام عسكري صارم، ويرأسها قائد أو زعيم يفترض أنه الأب الروحي لكل الجنود، وهم له بمثابة الأولاد، فلا فرق بينهم، ويعاملهم معاملة واحدة، وهم بالمقابل يدينون له بالطاعة، ويكنون له المحبة.

إن موت القائد بالنسبة إلى الجيش يعني تحلله وانكساره، وإذا فقد الجنود قائدهم، فلن يحسنوا التصرف، وبالتالي لن يعود لهم اجتماع ويولون الأدبار.

2 ـ الجماعة الدينية

الجماعة الدينية وخصوصا تلك التي تنتظم تحت ظل مؤسسة الكنيسة هي جماعة أخروية ترتكز على فكرة روحية، وهي تمتلك قيادة تتمثل بزعامة روحية واحدة، وهي في الوقت نفسه زعامة دنيوية تلتزم قواعد خاصة بها، وموت الزعيم الروحي أو رئيس الكنيسة قد يعني أن ما كان يمثل الإيروس بالنسبة إلى المؤمنين لم يعد قائما، وأن أواصر محبتهم قد تتقطع وأن تقطعها لا يترك خلفه إلا الشحناء والبغضاء، والزعيم سواء في الجيش، أو في الكنيسة هو الذي يشد أواصر الجماعة، ويمنعها من التعدي، ويكبح جماحها، وبموت الزعيم أو

القائد تختلط الأمور، ويسود الاضطراب، وتقوم الصراعات، وكل جماعة بما هي عليه لها جماعة مغايرة، والزعيم أو القائد هو الذي يقوم بتخفيف نزعات التعصب، ويطفئ غرائز العدوان، ويشيع التسامح ويأمر به، وتقتدي بتعاليمه الجماعة، وافتقاد القيادة يعني أن التعصب يظهر ويطفح، والعداء يكشر عن أنيابه، ويسقط التسامح، وتهزم المحبة، وترتفع راية البغضاء والكراهية، والواقع أن هذه المشاعر المتضاربة مسألة وجودية في الكون.

د ـ غريزة القطيع

يمكننا شرح غريزة القطيع على ضوء التحليل النفسي، وهي تشبه الطاقة الليبيدية التي من شأنها أن تجمع وتؤلف وتقارب وتصنع وحدات أكبر، ويفسر التحليل النفسي الخوف من الوحدة عند الأطفال بأنه خوف من الانفصال عن القطيع، لكن فرويد لا يوافق على هذا التفسير، وإنما يجد أن هذا الخوف من الوحدة هو بسبب افتقاد الطفل للأم، وبالتالي لا يرى أن الشعور الاجتماعي مصدره وجود الطفل ضمن القطيع أي مع أطفال آخرين في المدرسة مثلا، ولكنه بسبب علاقة الطفل بأبويه، ومشاهدته لمعاملتهما لأخوته على قدم المساواة، ومن ثم يحل الحب لإخوته ولتلاميذ صفه محل أية مشاعر سلبية أخرى تماشيا مع موضوع الحب سواء أكان حب الوالدين أم المدرسين، ويفسر فرويد روح الجماعة لا باعتبارها القطيعي، وإنما باعتبارها روح الأسرة الواحدة التي أساسها المساواة بين الجميع كما يطبقها الوالدان، وكما يفترض أن يطبقها الزعيم القائد، وبذلك ينتقد فرويد إهمال مسألة الزعيم، أو القائد في نظرية «غريزة القطيع» لأن فرويد كان قد اعتبر أن المساواة التي يعامل الأبوان فيها الأولاد هي أساس الضمير الاجتماعي، والإحساس بالواجب، ومن ثم يذهب فرويد إلى تعديل شعار أن الإنسان ليس سوى حيوان أعجم ضمن قطيع إلى شعار أن الإنسان كائن فرد ضمن تجمع بزعامة قائد أو رئيس ([1]).

---

[1] راجع: الحفني، عبد المنعم، المعجم الموسوعي للتحليل النفسي ، م.س، ص 420ـ422.

ثانيا ـ إيريك فروم (1900-1980) وعلم نفس الاجتماع

اعتبر إيريك فروم أن العلاقة بين الفرد والمجتمع ليست علاقة جامدة، والمشكلة الأساسية لعلم النفس هي مشكلة النوع الخاص لتعلق الفرد بالمجتمع، ويرفض فروم قول فرويد من أن مشكلة علم النفس هي إشباع، أو إحباط هذه الحاجة الغريزية، أو تلك في حد ذاتها ([1]).

وكان فروم قد تعلم وتدرب كمحلل نفسي ثم اتجه وجهة اشتراكية، وبدت على كتاباته الاهتمامات الاجتماعية، ولذلك عاب على نظرية فرويد انصرافها إلى دراسة المظاهر اللاشعورية بدل المظاهر الشعورية الاجتماعية لدى الإنسان، ولم يوافق على أن سلوك الإنسان يخضع لماضيه، بل قال بالحتمية البيولوجية التي تحدد هذا السلوك سواء في الماضي، أو في الحاضر، فالفرد ابن المجتمع، وهو صانع طبيعته، ولا يرى تاريخ البشرية إلا من صنع الإنسان، ولذلك يحل فروم الخلق الاجتماعي محل الغريزة، وينبه إلى أن ظروف العصر قد عمقت الفردية لدى الناس، والفردية عنده تعني الحرية، والحرية هي التي تميز الوجود الإنساني كوجود إنساني، ويتغير معنى الحرية بحسب درجة وعي الإنسان، وتصوره لنفسه ككائن مستقل ومنفصل، ومع الحرية تكون المسؤولية، ومعهما يكون القلق والتداعي بالاضطرابات النفسية، ويقف الإنسان أمام الحرية في مواجهة طريقين:

أ ـ الحرية الفردية

يمارس الإنسان حريته بفردية وأنانية، وينخرط في التنافس، فتكون النتيجة أنواعا منحطة من الشخصيات، مثل شخصية الانتهازي، والأناني، والاستحواذي... إلخ.

---

[1] راجع: فروم، أريك، الخوف من الحرية ، ترجمة مجاهد عبد المنعم مجاهد، ط1، 1972، المؤسسة العربية للدراسات والنشر، ص 18.

ب ـ الحرية الإبداعية

يمارس الفرد حريته بشكل إبداعي، فيتعارف مع الآخرين بعقلانية ومحبة، ويؤسس لمجتمع صحي، والمحبة عند فروم تعني فهم الناس، وتقدير حاجاتهم، والتأسي لأحزانهم، والتآخي معهم وقت الشدة، وهذه المحبة هي الكفيلة برأب الصدع بين الأفراد وتجميعهم على أهداف واحدة، وممارسة العيش بأسلوب المحبة، فالمحبة تستطيع أن تخرج أفضل ما في الإنسان، وتتأكد بها فرديته واجتماعيته معا ([1]).

جـ ـ الشخصية الاجتماعية

يقول فروم بالشخصية المشتركة لمجموع الأفراد الذين تتكون منهم الجماعة، ويقصد بها المعالم التي تشكل في تكونها الخاص مكون شخصية هذا الفرد أو ذاك، ويعرف هذه الشخصية الاجتماعية بقوله:

«إن الشخصية الاجتماعية لا تضم سوى نخبة من المعالم، فهي النواة الجوهرية لمكون شخصية معظم الجماعة التي تطورت نتيجة التجارب الرئيسية ونمط الحياة المشترك في تلك الجماعة» ([2]).

إن مفهوم الشخصية الاجتماعية هومفتاح فهم العملية الاجتماعية، والتطابق بين الشخصية الفردية والشخصية الاجتماعية يؤمن السلوك السوي للفرد، فإذا كانت شخصية الفرد تتطابق بشكل أو بآخر مع الشخصية الاجتماعية، فإن الدوافع السائدة في شخصيته تفضي به إلى عمل ما هو ضروري ومرغوب في ظل الظروف الاجتماعية الخاصة بحضارته ([3]).

---

[1] فروم، أريك، الخوف من الحرية ، ص 27.

[2] م.ن، ص 222.

[3] م.ن، ص 225.

الباب الثاني

مدارس التحليل النفسي الأدبي

الفصل الأول: الأدب نتاج لا شعور مؤلفه
الفصل الثاني: التحليل النفسي للنص

مقدمة الباب

يسير الأدب وعلم النفس في طريق واحد، فكل حديث عن مفهوم من مفاهيم الأدب كالمؤلف، أو النص، أو الكتابة، أو القارئ... إلخ لا بد أن يترافق مع الحديث عن التركيبة النفسية لكل من الكاتب، أو المكتوب، أو القارئ.

لقد بقيت عمليات الإبداع الأدبي تتخبط في تفسيرات غامضة زادت من تشويش صورة الإبداع وعدم وضوح هذه الظاهرة المتميزة، ولكن الأمر اختلف مع ولادة علم النفس الذي قدم كشوفات علمية على جانب كبير من الأهمية، وفسر العبقرية على أساس انفعالات ذكية منظمة يتميز صاحبها بقدرة أكبر على عمليات التركيب، والتحليل، والربط والتنظيم من غيره من بني البشر.

وذهب البعض إلى أن النقد برمته قد قام على أسس نفسية منذ كتاب الشعر لأرسطو، وما تضمنه من أفكار عن التطهير أي عن الأثر النفسي الذي يتركه الشعر في المتلقي، ومهما كان موقفنا من تلك الآراء، إلا أن الأمر الذي لا ريب فيه هو أن علم النفس الحديث قد قدم قراءات جديدة للأدب، استطاعت هذه القراءة أن تجلب إليها مؤيدين ومريدين، الأمر الذي مكن التحليل النفسي الأدبي من أن يأخذ لنفسه مكانا مرموقا على ساحات النقد الأدبي، وتعرفنا في الباب الأول إلى إسهامات فرويد وتلميذه يونغ في التحليل النفسي، ونعالج في هذا الباب تأثير هذه الإسهامات في النص الأدبي الذي أصبحنا ندرسه على أساس منهج نقدي متكامل، وهو المنهج الذي عرف بمنهج النقد النفسي الذي استمد مفاهيمه من علم النفس الحديث.

يتضمن هذا الباب مدارس التحليل النفسي الأدبي في فصلين، بحثنا في الفصل الأول مناهج التحليل النفسي التي اعتبرت أن النص نتاج لاشعور كاتبه، كما عالجنا في الفصل الثاني مدارس تحليل النص الأدبي بمعزل عن صاحبه، وما نتج عن هذه المدارس من نظريات في التحليل النفسي الأدبي.

الفصل الأول

الأدب نتاج لاشعور مؤلفه

مقدمة

يستهدف التحليل النفسي الأدبي في بعض مناهجه البحث عن العقد النفسية التي يحملها المؤلف منذ ايام طفولته، ويعتبر هذا المنهج أن تحليله يبحث في لاشعور المؤلف ويستخرج العقد المكبوتة، التي تنعكس على النص، وعلى الباحث اكتشاف دلالات العقد النفسية المختزنة في النص ([1])، ويرجع بعض المناهج النفسية مصدر الإبداع إلى الرغبة في التخفيف من عبء خاص، ومحاولة تحقيق رغبات في عالم الخيال لم تشبع في الواقع ([2])، ويرى أن الاهتمام بالدوافع اللاشعورية في الأدب ظاهرة حديثة نسبيا، وقد استمد هذا الاهتمام دفعته الأولى منذ عصر النهضة، ومنذ أن بدأ الإنسان ينظر إلى الذات الداخلية للفرد الحر على أنها العامل الأساسي في تحديد مصيره، وبينما كانت القوى التي تحرك الشخصيات في العمل الفني هي قوى ميتافيزيقية فإنها مع التحليل النفسي أصبحت قوى داخلية ([3]).

وصل التحليل النفسي مع فرويد إلى مراحل متقدمة، وامتدت تأثيراته إلى الأدب الذي أصبح ينظر إليه على أنه من إنتاج لاشعور كاتبه، ولاقت هذه النظرة رواجا بين اتباعه، ومن ثم تعممت هذه النظرة بين عدد كبير من المحللين النفسيين والنقاد، ونحن سنعالج في الفصل الأول من هذا الباب التحليل النفسي الأدبي الذي يعتقد أن الأدب هو من إنتاج لاشعور مؤلفه.

---

[1] Bellemin, Noël, Jean, Vers L'inconscient du Texte, édition PUF, 1979, P. 194

[2] عز الدين، إسماعيل، التحليل النفسي للأدب، دار العودة، بيروت، ص 9.

[3] العقاد، عباس محمود، أبو النواس الحسن بن هانئ ، دار الهلال، القاهرة، ص 27ـ30.

أولا ـ بدايات التحليل النفسي الأدبي

لجأ «فرويد» إلى الأدب ليبرهن على صحة نظرياته في التحليل النفسي، فقام بتحليل عقدة «أوديب» من خلال الأدب اليوناني القديم ([1]).

وكان فرويد يعقد مقارنة بين عمل الروائي وعمل الطبيب النفسي، ويقول إن الاثنين مجالهما الحياة النفسية، وما يصل إليه الطبيب النفسي بالعلم يبلغه الأديب بالحدس، وغير مطلوب من الطبيب النفسي أن يأخذ بالمنهج الأدبي كما أن الأديب غير ملزم بأخذ المنهج العلمي للطبيب النفسي، وبالتالي يستطيع أي أديب أن يتناول أية قضية من القضايا النفسية، ويكتب فيها من منظوره الأدبي أو الفني من دون أن يكون في تناوله للقضايا العلمية أي انتقاص من الناحية الجمالية.

إن هذا الجهد النظري، الذي قام به «فرويد»، ترك أثرا لا يمكن تجاهله في الثقافة المعاصرة، فصار أساسا فكريا انطلق منه أتباعه ليطبقوه على أبحاثهم في الفن، والأخلاق، والدين والميثولوجيا، والسياسة، والتاريخ... إلخ.

كانت البدايات الأولى للتحليل النفسي الادبي قد تمت عندما اجتمع حول فرويد منذ العام 1902 جماعة صغيرة من الأتباع، وكونت معه المؤتمر الأول للتحليل النفسي في سنة 1908، وفي العام 1910 تأسست الجمعية الدولية للتحليل النفسي، واستمرت تعمل كتنظيم مركزي للمحللين النفسيين في أنحاء العالم ([2]).

قام رانك أحد أعمدة الجمعية الدولية للتحليل النفسي بتطبيق تقنيات

[1] راجع: فرويد، سيغموند، الطوطم والحرام ، ترجمة جورج طرابيشي، ط1، 1983، دار الطليعة، بيروت، ص 173.

[2] راجع: فلوجل، علم النفس في مائة عام ، ترجمة لطفي فطيم، السيد محمد خيري، ط3، 1979، دار الطليعة، بيروت، م.س. ص 196.

التحليل النفسي على مجالات الأدب، والفن، وعلم الاجتماع... إلخ، وكان رانك قد أصدر دراسة بعنوان «الحلم والشعر»، كما ساهمت كتابات أدلر، ويونغ وغيرهما في اكتشاف الشخصية اللاشعورية ([1])، وأصدر فراي دراسة بعنوان «الفنان والتحليل النفسي»، ثم انتقلت الدراسات إلى الأدب، فأعدت ماري بونابرت تحت إشراف أستاذها فرويد دراسة في التحليل النفسي الأدبي حللت فيها إحدى الشخصيات الأدبية، ثم تلتها دراسة رينيه لافورغ حول شارل بودلير (1821-1867)... إلخ ([2]).

تتابعت سلسلة الإصدارات، والدراسات، والمنشورات الداعية إلى اعتماد التحليل النفسي في نقد الأدب، وكانت قد لقيت تقنيات التحليل النفسي قبولا عند رجال الأدب، والروائيين عموما بشكل أكبر بكثير مما لقيته هذه التقنيات عند الأطباء النفسيين أو علماء النفس ([3]).

ونشطت أعمال المحللين النفسانيين الذين اتجهوا إلى معالجة الإبداع الفني والأدبي، وانعكست النظريات النفسية على كل نص إبداعي، ثم ظهر نقاد أدبيون مارسوا النقد النفسي للأدب، وأصبحوا مؤهلين للتحليل النفسي الأدبي.

وحاولوا تقدير القيم اللاشعورية التي يعمل عليها الخطاب الأدبي، وتركز اهتمامهم على المؤلف؛ الإنسان المبدع الذي يختزن العبقرية مع عصابها.

[1] راجع: Yung, problems de lame modern, P. 362.

[2] راجع:

A- frey, Roger, the artist and Psycho-analysis , Edition hagart- Press, londres, 1925. B - Bonaparte, Marie Edgar Poe édition, Kdenoel et steel, Paris, 1933. C -La FOURGUE, René, ' eche de Boudlaire, Demoel et steel, Paris, 1931

[3] راجع: فلوجل، علم النفس في مائة عام ، م.س. ص 199.

ثانيا ـ الحلم بين الأديب والعصابي

يعتبر العمل الفني ومنه العمل الأدبي حلم يقظة يحلمه الفنان أو الأديب تنفيسا عن رغبات كامنة، ويخفف الأثر الأدبي توتر النفس البشرية العميقة، لكن هناك اختلاف بين الشخص الخاضع للتحليل والأديب، لأن المتمدد على الأريكة يتكلم مع شخص آخر، والأديب يكتب لغائب، أو باتجاهه، وهو جالس على طاولته، أما العصابي فينساب مع تدفق الأحاسيس التائهة.

يختار الأديب كلماته، ويتابع التخييل تحت تأثير الإلهام، ولا بد أن ينتهي كلامه بخطاب مغلق في المستقبل، وفي المقابل يجهد العصابي أثناء نطقه بما يخص ماضيه من خلال تكرار لا يتوقف، كما أن العلاج والكتابة ليسا متطابقين لأنهما يتغذيان من الاستيهامات نفسها، فهما يتجهان إلى الخطاب كي يعالجا مادة مشابهة، ويتم تحليل النص الأدبي في التحليل النفسي، كما يتم تحليل الحلم عبر استخراج التراكيب النحوية الاحتمالية، شرط أن لا يعتمد كثيرا على المعجمات الثقافية إلا بطريقة استثنائية، ومن أمثلة المعجمات الثقافية نجد الرموز الآتية:

الامبراطور يرمز إلى الأب، وكل شيء دائري يرمز إلى العضو الجنسي عند الرجل، كما أن كل شيء مجوف يرمز إلى رحم المرأة... إلى ما هنالك من جدول الرموز الموجودة في التحليل النفسي للأحلام، ويبحث المحلل في تداعي الأفكار عن كل ما يضاف إلى عنصر يلفت انتباهه بسبب طابعه الغريب، أو تفاهته المبالغ فيها، ومثال على ذلك: «سيدة تظهر بشاربين كثيفين، وشخص لا يتحلى بعلامات فارقة»، والناقد هو من يتولى عملية الترابط غير أنه لا يقوم بهذه العملية بطريقة مجانية، ولا من خلال استيهامات لأن ذلك يوقعه في شرك التخييل، كما أن الناقد لا يهدف إلى استرداد دلالة مبتكرة، بل يهدف من عملية الترابط إلى إعادة بناء عملية التركيب، وتقييم عملية «التكثيف» أو «التحويل» ([1]).

[1] راجع: فرويد، الطوطم والحرام ، م.س. ص 120.

يعتبر الأدب تعبيرا عن اللاشعور الفردي، ويفهم النص بوصفه وثيقة نفسية تكشف عن اللاوعي فيه الذي لا يعبر في أغلب الأحيان عن حقيقة الوعي: «كانت أهمية التحليل النفسي في اختراق الأغوار المظلمة للحياة النفسية، وليس كالآثار الأدبية صورة لهذا العالم المعتم، وفي تحليلها كشف عن اللاوعي الذي لا يتفق في أحيان كثيرة مع الوعي» ([1]).

إن عملية الكشف عن هذه الروابط الظاهرة أو الخفية التي يتضمنها النص، هي واحدة من وظائف التحليل النفسي الأدبي، كما أن من وظائفه أيضا محاولة فهم نفسية من كتب ولماذا كتب؟

وبالتالي فإن أهداف عملية التحليل النفسي للأدب هي الكشف عن أن:

أ ـ النص الأدبي يمثل عملية رد فعل عن كبت يعانيه الكاتب في حياته.

ب ـ النص الأدبي هو تجسيد لعقد نفسية تشغل فكر الكاتب.

جـ ـ النص هو رمز لما يتمناه الكاتب وما يحلم بتحقيقه.

نجد استنادا إلى ذلك أن هناك من يرى أن النص الأدبي مرتبط ارتباطا وثيقا بنفسية الكاتب.

يرتكز التحليل النفسي للعمل الأدبي على البحث عن أداء اللاشعور في النص، أي إن التحليل النفسي للأدب يسعى إلى الكشف عن النص الأولي الذي أملى على الكاتب نصه المكتوب ([2]).

فالتأمل في العمل الفني يتيح لنا الغوص في مناطق أبعد وأعمق في نفسية الكاتب، وتكون هذه العملية التحليلية وسيلة من وسائل اكتشاف عقد الكاتب اللاواعية، ومعرفة ما هو شخصي في اللاشعور الذي يعتبر مصدر الأعمال الأدبية ([3]).

---

1 راجع: نويل، جان بلامان، التحليل النفسي والأدب ، م.س. ص 15.

2 م.ن، ص 39ـ40.

3 راجع: عز الدين، إسماعيل، م.س. ص 45.

فنحن نحلل ذاتنا أثناء النقلة، وهذه النقلة تدل على انتقال مشاعر المريض العقلية أثناء التحليل من المواقف أو الأشخاص التي بثها هو في الأصل إلى شخص المحلل نفسه، وفي المقابل تحدث النقلة عند الأديب إلى الأثر الفني عبر بث أفكاره، وهواجسه، ومشاعره على شخصياته الخيالية التي يبتدعها، وبالتالي كأن النص هو من إنتاج لاشعور مؤلفه.

يختلف عمل المحلل عن عمل الناقد الأدبي الذي لا يأخذ في الحسبان إلا المؤلف نفسه الذي أصبح الآن نصا، فالمبدع في واقعه هو من شأن مؤرخي الأدب، وبالتالي لا يمتلك المؤلف إلا واقعا أدبيا، والأدباء هم رجال عندما يكتبون، أو يتكلمون عن غير دراية عن أشياء لا يفهمونها حرفيا، فالقصيدة تعرف عن نفسها أكثر من الشاعر، والواقع الأدبي لا يستمد زخمه إلا عندما يملك قسطا من فقدان الإحساس واللاوعي، وبما أن الأدب يحمل في طياته اللاوعي فإن المحلل النفساني يقدم نظرية تعالج ما يفلت من الوعي، وتقدم المؤلفات الأدبية معرفة دقيقة عن الإنسان وعن اللاشعور أكثر بكثير مما تقدمه كتب التحليل النفسي، ويقول إريك فروم:

«قراءة بلزاك أكثر فائدة لفهم التحليل النفسي من قراءة الكتابة السيكولوجية، وقراءة بلزاك تمرن المرء على فهم الإنسان في التحليل أكثر من كل القوى التحليلية في العالم» ([1]).

تقدم النصوص الأدبية وجهة نظر كاتبها حول واقع الإنسان، وبيئته، وطريقة إدراكه لهذه البيئة والعلاقات التي يقيمها مع هذه البيئة.

أثارت القراءة النفسية جدلا كبيرا في أوساط النقاد والأدباء، وخصوصا في

---

[1] فروم، إريك، فن الإصغاء ، ترجمة محمود منقذ الهاشمي، ط1، منشورات اتحاد الكتاب العرب، دمشق، ص 100.

النتائج التي تتوصل إليها، والتي تمثل بنظرهم إسقاطات غريبة على النص الأدبي، كما وجهت انتقادات إلى الاهتمام المبالغ فيه بتراجم الأدباء وأسرار حياتهم، وتحديدا الحالات المرضية التي ينظر إليها في المبدع، فالتعامل مع الأدباء والشعراء على أساس أنهم مصابون بالعصاب، والعقد النفسية، والجنون هو مرفوض من قبل خصوم المدرسة النفسية للأدب ([1]).
إن رؤية العالم في الأدب، والاستدلال على تأثيرات اللاوعي، ينظمان عملهما وفق منوال واحد؛ إنهما نوعان للتفسير، طريقتان للقراءة، فالأدب والتحليل النفسي يفهمان مقاصد الإنسان في حياته اليومية، وفي قدره التاريخي، ومن هذا الفهم للأدب والتحليل النفسي، انبثقت النظرة إلى علم نفس سيرة الأديب، وولد ما أطلق عليه "علم نفس السيرة"، وظهرت مدرسة في التحليل النفسي رأت أن الأدب هو تعبير عن اللاشعور الفردي، واستندت هذه المدرسة إلى الأحلام والمشاعر الخفية، واهتمت بهما أكثر من اهتمامها بالأفكار الظاهرة، وفي هذا الإطار قام من يدعو إلى دراسة الظاهر، والكامن في النص، والهدف من التوجه نحو الكامن في اللاشعور في النص، هو البحث عن الوظيفة النفسية التي يقوم بها هذا الكامن، وهذه الوظيفة هي التي تحتل مركز الثقل من بين سائر الوظائف في العمل الإبداعي التي تتمثل غالبا في «التطهير» ([2]).
أوضح فرويد الوظيفة النفسية في الأدب عندما اعتبر أن انجذابنا إلى العمل الفني والإبداعي، إنما يعود إلى أخيلتنا التي تلاقي صدى ومخرجا في أخيلة الكاتب، أو بواسطة لعبته الفنية، فالمبدع الأدبي بحسب فرويد يسحرنا بتلك

---

[1] راجع: الجدل الذي دار بين طه حسين (1889-1973) من جهة، والعقاد (1889-1963) من جهة أخرى، حول النظرة النفسية في النقد الأدبي (*).

(*) راجع: بلوحي، محمد، آليات الخطاب النقدي العربي الحديث ، م.س. ص 77-79.

[2] راجع: فرويد، سيغموند، أفكار لأزمنة الحرب والموت ، ترجمة سمير كرم، ط2، 1981، دار الطليعة، بيروت - لبنان،م، س، ص 62.

المتعة الفنية، ويكون مصدر هذه المتعة قدرة الفنان على دعوتنا إلى الاستماع إلى أخيلتنا ذاتها من دون خجل أو تورية ([1]).

يمثل الأدب مجموع الكتابات المصنفة بوضوح في خانة التخييل بمعزل عن الأدب التقني أو التعليمي، وتسمح قراءة التخييل من خلال منظور التحليل النفسي بتقديم النصوص ببعد مختلف، أو مراقبة الكتابة في تكونها وفي توظيفها، ويكتسب النشاط الأدبي نطاقا إضافيا في المعنى، وحينها تظهر قدرته التأثيرية بصفته عمل الآخر فينا، ويقف خلف هذا التأثير مؤلف مبدع وهو ما اتجهت إليه دراسات التحليل النفسي الأدبي، التي عنيت بدراسة النص الأدبي من خلال صاحبه، وتنوعت هذه الدراسات، لكنها تركزت على سيرة المؤلف:

ثالثا ـ علم نفس السيرة

تعددت أسماء أعلام مدارس التحليل النفسي الأدبي، وتنوعت مشارب نظرياته الأمر الذي وسع من آفاق المعرفة التي يكونها الإنسان عن حقائق نفسه، فالتحليل النفسي هو أفضل وسيلة للكشف عن حقيقة الخطاب الأدبي الذي لا يحدثنا عن الآخرين فقط، ولكن يحدثنا عن الآخر فينا، والتعامل مع النص الأدبي على أنه وثيقة نفسية، يجعل الباحث يقع في أحكام معيارية ترى ضرورة التخلي عن الواقع الخارجي نهائيا، والاكتفاء في البحث بالواقع الباطني، وبالجانب العصابي لأصحاب الأعمال الإبداعية، وهذه الأمور هي التي تحصر البحث في سيرة المؤلف، وشذوذه، وعقده...

تختزن دراسة الأديب موقفين، الأول دراسة كل الإنتاج المعروف للأديب، وتهدف دراسة هذا الإنتاج الأدبي كله إلى الإحاطة بالأصالة الماثلة في الأثر الأدبي، والمرتبطة بالمبدأ المكون عند الأديب، أما الموقف الثاني فهو دراسة وثائق خارجية عن حياة الأديب من أجل التخطيط لسيرة متماسكة، ومن الواضح

---

[1] راجع: نويل، جان بلامان، التحليل النفسي والأدب ، م.س. ص 86.

أن كتابة سيرة الأديب قد تطورت فيما بعد حتى أصبح لدينا اتجاه خاص صار يعرف باسم «علم نفس السيرة» ([1]).
إن علم نفس السيرة هو دراسة التفاعل بين الإنسان والأثر الأدبي، ودراسة وحدتيهما اللتين ندركهما من خلال الحوافز اللاشعورية، ومن المسلم به أن الإطار الملائم للأثر الأدبي يتحدد على أساس طفولة الأديب، ولا نقصد بالأثر الموضوع فقط، وإنما يشمل الخصائص الشكلية للنص، ويعتبر علم نفس السيرة أن الآثار الأدبية ليست منفصلة عن الحياة، كما أنها مرتبطة بمبدأ السبب والنتيجة، وكان المختصون بهذا العلم يكتفون بمبدأ «كما يكون الإنسان يكون الأثر» وأتى مختصون جدد، ولم يكتفوا بمضمون هذا القول، وزادوا عليه حتى وصلنا إلى الشعار القائل: «كما يكون الطفل يكون الأثر» ([2]).
وتتنوع مناهج التحليل النفسي الأدبي التي ترتكز على نظرية أن النص الأدبي هو من نتاج لاشعور كاتبه، وبالتالي تكون مهمة تحليل المؤلف هي التدرج في البحث عن اللاشعور، والتفتيش عن المكبوتات الطفولية المبكرة التي حدثت للمؤلف، والتي انعكست على نصه، فكل نص أدبي هو من نتاج هذه المكبوتات الطفولية، أو صدمة الميلاد... إلخ.
يطلق على هذه القضايا السيرة الذاتية للمؤلف، وتكون مهمة الناقد البحث في هذه السيرة، وعليه أن يستخرج منها الصدمات النفسية التي تعرض لها المؤلف في طفولته المبكرة فيما أصبح يعرف بعلم نفس السيرة، وهذا العلم يقوم على التفتيش عن المكبوتات الطفولية التي تكمن في لاشعور المؤلف.
أثر التحليل النفسي في الأدب عندما ركز على أثر اللاشعور في النتاج الأدبي، ونتيجة لهذا التأثير برزت في فرنسا بين العامين (1920-1930) حركة أدبية كانت لا تعترف بالقيمة الشعرية إلا إذا كان الشعر من نتاج اللاشعور، وعرفت هذه الحركة بالمدرسة السريالية، وكان السرياليون لا يعترفون بقيمة

---

[1] نويل، جان بلامان، التحليل النفسي والأدب ، م.س. ص 88.
[2] م.ن، ص 96.

للشعر إلا لذاك الناتج عن تداعي الأفكار، ولذلك ركز أصحاب هذه المدرسة دعوتهم على الكتابة العفوية ([1])، وتحت تأثير اللاشعور أصبح الأديب يركز انتباهه على لاشعور نفسه بالذات، وينصت إلى قواه المضمرة، ويمنحها التعبير الفني بدل أن يكتبها بالنقد الواعي، ويعلم من داخل نفسه ما يعلمه المحلل النفسي من الآخرين عن القوانين التي تحكم حياة اللاشعور، ولا يحتاج الأديب إلى صياغة قوانين اللاشعور، أو التلميح إليها، ولا حتى إدراكها بوضوح بل هي تندمج في إبداعاته ([2])، ويستنتج المحلل النفسي القوانين من تحليل الأعمال الأدبية مثلما يستشرفها من الحالات المرضية الحقيقية، ويظهر اللاشعور من طرق متشعبة ومنها: زلات اللسان، أو أحلام النوم، أو أحلام اليقظة... إلخ.

بدأ الأدب يتجه إلى ضرورة البحث عن دور الذاكرة، والتقصي عن الذكريات الطفولية التي تفجر الصراعات داخل نفس الكاتب، وملاحقة انعكاسات هذه الصراعات في الأثر الأدبي، وكانت البدايات الأولى قد ظهرت من خلال دراسة في أدب فيكتور هيغو، ركزت على العودة إلى مرحلة الطفولة في حياة الشاعر الفرنسي، وبحثت هذه الدراسة في العلاقة التي كانت تربط بين فيكتور هيغو، وأخيه الذي كان ينافسه في الاستئثار بحب أمه، ووجدت هذه الدراسة أن هذه المنافسة قد استمرت حتى سن الشباب، وكان لا بد للوضع الجديد أن يتواصل مع العقدة القديمة، ولذلك تحولت الطاقة العاطفية عن موقعها القديم إلى الموقع الجديد لتزيده خطورة، وتم اكتشاف الحالات العاطفية في شعر هيغو على أساس مكبوتاته الطفولية ([3]).

بدأت تتوالى الدراسات التي تعتبر أن بنية الأثر الأدبي غالبا ما تكون أشبه

---

[1] راجع: عيد، يوسف، المدارس الأدبية ومذاهبها ، دار الفكر اللبناني، ط1، 1994، ج1، ص 180.

[2] Freud, S,. La Création Littéraire et le rève éveillé, P. 81.

[3] Baudouin, Charles, Psychanalyse de Victor Hugo, édition Armand Colin, 1977, P. 29.

بالمرآة التي تعكس البنية النفسية للطفل، وتتمثل فيها الأنظمة النفسية الثلاثة الأنا، والأنا الأعلى، والهو، وهذه الأنظمة هي التي تساعد الطفل على التعرف على ذاته ودوافعها الغامضة، ومثلت القصص الشعبية صورة عن مرحلة طفولية في الشعوب، وبالتالي ليست هذه القصص سوى إنتاج عملية التآلف بين حاجات الطفل ومتطلبات لاوعيه، وبذلك تختزن القصص الشعبية قيمة مستمرة في الزمن ([1]).

رابعا ـ نظرية المكبوتات الطفولية

ترجع مارت روبير كل الخيال الأدبي إلى عقدة الابن غير الشرعي، الابن اللقيط أي إلى العقدة الأوديبية.

لقد شرعت مارت روبير في شق طريق لتحليل نفسي أدبي علمي وموضوعي، فالأصل عندها ليس في التاريخ، أو في المجتمع حتى ولا في الإشكالات التي واكبت ظهور أول رواية، بل الأصل عندها يكون في رواية أولى تستمر إعادتها مع كل طفل، وهذا ما يجعلها تدخل بنية الإنسان، وفي تفسيرها يحصل الكشف عن معنى هذه البنية، ويفضي بنا اعتبار الأصل مبدأ إلى نتيجتين، هما:

أ ـ النتيجة الأولى

إن البحث عن الأصل يستدعي طرح مشكلات الأدب الروائي كله، بالإضافة إلى مشكلات الإنسان بوصفه كاتبا أو قارئا للرواية، أو من حيث أن السرد والتخييل هما بعد من أبعاد وجوده.

ب ـ النتيجة الثانية

إن المعنى الذي يعطيه الكاتب أو القارئ للرواية مشتق من معنى آخر

---

[1] Bellemin, Noël, Jean, vers l'inconscient du texte, Ibid, P. 191

مضمر، وبكلام آخر فإن القصد من سلوك ما قولا كان أم فعلا، لا يفهم إلا إذا كشفنا عن المكبوت الذي أملاه.

فالعالم الإنساني هو ما يرويه كل منا لذاته عن الآخرين، ومن ثم للآخر، وما روي لنا رواية نعيد النظر فيها باستمرار، نطورها، ونعددها لتتلاءم مع ظرف ما، ولكن انطلاقا من نواة أولى هي في نظر «مارت روبير» الرواية الأسرية، وفي وجدان كل إنسان بذور روائي ما، فهذا يتمتم قصته، وذاك ينثرها في أحاديثه، وثالث يسردها لأحفاده... إلخ أما الرواية بالمعنى الدقيق للكلمة فتبدأ مع الذي أوتي موهبة تقمص شخصية غير شخصيته، أو أقحم حياته الخاصة في حيوات أخرى ([1]).

وتطبق مارت روبير نظريتها على الأدب فتأخذ أسطورة أوديب ابن الملك الذي تولى تربيته الرعيان، وبقيت ولادته لغزا بالنسبة إليه، وتمزج هذه الرواية بشكل لافت بين دافع الطفل اللقيط المتصف بأنه في المرحلة قبل الجنسية، وبين موضوع قتل الأب وغشيان المحارم حيث وجد فرويد فيهما تأكيدا لتحليله الحوادث النفسية اللاشعورية.

وتتصف حوادث الولادة بأنها حاسمة بالنسبة إلى المهمة البطولية، كما تتصورها الأساطير والخرافات، وهذا ما نجده في الكثير من الأمثلة ومنها: لا يوجد بطل أسطوري أو فاتح خرافي إلا وله ولادة غير طبيعية في معنى من المعاني، كما نجد أن أغلب هذه الشخصيات لم تعش في سنوات طفولتها الأولى قرب الأبوين، أو في دفء حبهما المشترك، فالغالبية العظمى منهم عاشت محرومة من الأب أو الأم، وبالاستناد إلى هذه القراءة عرف البطل أنه شخص لا يدين بحياته إلى أي شخص آخر.

إن هذا الطفل الذي ولد بمعزل عن قوانين الطبيعة، وأصبح ذلك الإنسان الذي أوجد نفسه بنفسه، وهذه الاسباب هي التي جعلت البطل لا يكتشف

[1] راجع: روبير، مارت، رواية الأصول وأصول الرواية ، ترجمة وجيه أسعد، ط1، 1987، اتحاد الكتاب العرب، دمشق، ص 98ـ100.

أبويه، وينبغي له أن يبقى من دون أسرة أي أن ينكر أسرته حتى يؤكد مهمة نشوئه الذاتي، وفي ذلك يكمن على وجه الدقة العدد الكبير من الدوافع اللاشعورية، التي تساعد على تعويض الدونية التي تفرضها على الطفل الإنساني ولادته، التي تحدث بشكل متميز عن غيرها من الولادات، والتبعية الطويلة الناجمة عنها، وبعض هذه الدوافع هو التذكير بالصراع الموغل في القدم الذي يجعل الأجيال متعارضة، وكل هذه الدوافع تستخدم وسيلة دفاع ضد الجريمتين الرئيسيتين وهما: قتل الأب وغشيان المحارم ([1]).

خامسا ـ نظرية يونغ في التحليل النفسي الأدبي

تنطلق نظرية كارل غوستاف يونغ في التحليل النفسي الأدبي من فكرتين هما:

أ ـ الأنماط الأولية.

ب ـ اللاشعور الجمعي.

تمثل هاتان الفكرتان الأساس في بناء نظرية " النقد الأسطوري " التي ارتبطت ولادتها بأفكار يونغ في الانماط الأولية واللاشعور الجمعي، ومن أجل تحليل النقد الأسطوري نبدأ بدراسة الأدب وعلاقته بمؤلفه عن طريق الانماط الاولية، ونتبعها بدراسة اللاشعور الجمعي، ونختمها بالمحصلات التي نكون قد توصلنا إليها من دراستنا هذه.

أ ـ الأدب والأنماط الأولية

يعرف يونغ الأنماط الأولية بأنها عدد لا يحصى من الصور الابتدائية اللاشعورية، أو الرواسب النفسية لتجارب ابتدائية لاشعورية شارك فيها الأسلاف في عصور بدائية، وقد ورثت في أنسجة الدماغ بطريقة ما، وهي نماذج قديمة

---

[1] روبير مارت، رواية الأصول وأصول الرواية ، م.س، ص103.

لتجارب إنسانية مركزية، وسنحاول تعريف الأنماط الأولية كما جاءت في أدبيات يونغ، وبعد ذلك نبحث في علاقة الأدب بهذه الانماط.

1 ـ تعريف الانماط الأولية

نشأت الأنماط الأولية من العلاقة التصورية لهذه العوالم، كما أن العلاقة التي تربط الإنسان بالطبيعة هي علاقة قائمة على أسس تصورية، وقد استعار الإنسان رموزه من الطبيعة لتدل على الأنماط الأولية، كالشمس، والبحر، والغابة... إلخ من غير أن يثبت على المرموز ويلازمه دائما، وتختلف الرموز ويبقى النمط الأولي واحدا إلا ان هذا النمط الواحد يختلف ترميزه من شخص إلى آخر، ومن حالم إلى حالم، ومن أديب إلى أديب، ومن هنا كان تنوع الحلم والأدب، ونجد أن الأب كنمط من الأنماط الكبرى كان يأخذ رمزه من الشمس، أو الجبل، أو المدفع، أو قاذفة الصواريخ في العصر الحديث، وقد يتخذ الإله هذه الرموز، وكذلك الأنماط الأخرى فإنها لا تلازم دائما رمزا بعينه، وهذه الأنماط مشتركة بين الناس جميعهم لأنها ناجمة عن واقعهم كذكر وأنثى، وكعلاقات متداخلة ومتضاربة ومعقدة، وهذه الأنماط هي أنماط واقعية بمعنى أن الواقع الوجداني هو الذي أفرزها، وليس بمعنى وجودها المادي، وإنما هي نشاط نفسي وآلية من آليات النفس في الدفاع عن ذاتها، وفي تحقيق أغراضها، وقد ترسبت هذه الآلية في الأعماق إلى درجة أنها جسدت الرغبات في صور، ومع مرور الزمن أصبحت هذه الصور لغة كاملة، ومتماسكة، وآسرة، لا فكاك منها، وهذه اللغة هي الإطار الذي يتحرك في داخله النزوع الإنساني، ولكنها في الوقت نفسه «لغة منسية» ([1])، وما جعلها منسية هو الوعي الاجتماعي القمعي الذي حرم تداولها، ومنع الناس من التعامل بها واعتبرها لغة باطلة، ومن الصعب على الفرد منا أن يفصح عن أعماقه بهذه اللغة الفجة التي تعبر عن

[1] فروم، إريك، اللغة المنسية ، ترجمة محمود منقذ الهاشمي، ط1، 1991، منشورات اتحاد الكتاب العرب، دمشق، ص 25

صدق موقفه وتطلعاته، ولذلك نجد أن الوعي دفع اللاوعي الجمعي إلى التعبير عن نفسه بلغة الرموز، فرقيب الوعي الاجتماعي لاحق هذا اللاوعي، وفرض عليه الحظر، واضطره إلى التحايل، وقد نسي الإنسان هذه اللغة لقلة تداولها، ولكنها لغة قائمة بذاتها لم تتغير منذ أمد بعيد، وهي لا تكف عن النشاط الانتاجي ما دامت آلية من آليات الدفاع عن النفس، وإعادة التوازن لها، وهي تبتكر باستمرار أساليبها من أجل الحفاظ على الجنس البشري، ومن هذه الأساليب: الأحلام، والسحر، والعلم، والأدب، فالتعبير عن الأنماط الأولية يختلف من أسلوب إلى أسلوب، ولولا هذه الأنماط لما كان ثمة حلم، ولا سحر، ولا أدب، ولا علم ([1]).

العلم هو من النشاط الإنتاجي للأنماط الأولية، وهو إنتاج النمط الأولي الذي يمثله الإله، أو الأب، ويسعى العلم إلى الاستحواذ كالأب تماما، وهو يمتلك كل وسائل القوة للهيمنة، وتحقيق الرغائب، والتطلعات، وهو قاتل مدمر، ومفسد من ناحية، ومن ناحية ثانية إنه قابل للتحول المعاكس كالأب تماما، وهو يرضى فيمنح، ويغضب فيدمر كالأب.

إن العلم هو الأسطورة، وقد تجسدت في كيان مادي، وانتقال الأسطورة من الواقع النفسي إلى الواقع المادي، هو ما نطلق عليه العلم الذي نوهم أنفسنا بأنه نشأ مستقلا كل الاستقلال عن الأسطورة، والسحر، والأدب، والدين.

تتخذ الأنماط الأولية وسائل متنوعة من أجل تحقيق أهدافها، فالإيمان والإلحاد على سبيل المثال هما ظاهرتان متناقضتان، ومتعارضتان تعارضا لا سبيل إلى اللقاء بينهما، ويتجه الفرد إلى الإلحاد لإيمانه بأن الإلحاد منقذ، ومخلص ينتشله من ضياعه في هذا المستنقع تماما كما يقتنع المؤمن أن الـلـه هو المنقذ، والمخلص الذي ينتشله من ألم الدنيا، وضنك الحياة ([2]).

---

[1] Yung, Problèmes de l'âme modern, P. 363

[2] راجع: يونغ، كارل غوستاف، الدين في ضوء علم النفس ، ترجمة نهاد خياطة، ط1، 1998، دار العربي، دمشق، ص 104.

وترتبط وظيفة الأنماط الأولية بالهدف الذي ينشده الإنسان، وهو إعادة التوازن للجنس البشري سواء مع نفسه، أو مع البيئة، وخلق مصالحة كونية، أو انسجام متكامل.

2 ـ الأنماط الأولية والأدب

تخضع الأنماط الأولية في الأدب لكثير من التعديلات والانزياحات، وتعكس الاضطراب الذي يصيب النفس البشرية من جراء علاقاتها الكثيرة مع الآخرين ومع الطبيعة، وتبقى العلاقة مع الآخرين هي الأساس في التعديلات التي يجريها الأدب على الأنماط الأولية، وهذا ما يبيح التحدث عن التجديد في الأدب.

تقع هذه الأنماط في جذور كل شعر، أو كل فن آخر له سمة عاطفية خاصة، وهذه الأنماط موجودة في كل تصورات اللاوعي، عند الشاعر، أو القارئ، أو عند الجمهور، ويولد الأدب نتيجة لهيمنة هذه الأنماط على تصرفات البشر، وبالتالي لا يمكن إنتاج الأدب من خارج إطار هذه الأنماط، وعندما نقول إن الأدب «رؤيا»، فإننا نعني الأنماط الأولية، أي إن الأديب أو الشاعر يقوم بعملية خرق ويصل إلى اللاشعور الجمعي ([1]).

إن الرؤيا هي جواز سفر يتيح للشاعر أو الأديب اجتياز الحدود من منطقة الوعي إلى المساحة الفسيحة التي لا حدود لها، فهي ارتحال إلى اللاشعور الجمعي، إلى المجاهل والخفايا، إلى الأسرار الغامضة، وهي غامضة لأنها لا تخضع للمألوف الجاري، فالشاعر هو صاحب رؤيا وليس مريضا من صرعى الليبيدو، والأدب هو مدخل حقيقي إلى الأسرار المجهولة، وليس عرضا من الأعراض المرضية، كما نجد عند فرويد، وربما يؤثر مزاج الكاتب في أساليب الأداء الأدبي، إلا أن ذلك المزاج مهما كان لا يغير من الرؤيا، ولا يغير من

---

[1] يونغ، كارل غوستاف، الدين في ضوء علم النفس ، م.س، ص 106.

الأنماط الأولية إلا بالمقدار الذي يقتضيه الانزياح عن الأسطورة الأولى، وهذا الانزياح يفرضه موقف الكاتب من الحياة ومستجداتها.

يتحدث الأدب عن الخير والعلو والسمو، وعن الشر والإثم والسقوط، عن الحب، والعشق، والاتحاد، وعن الكراهية، والنفور، والانفصال، عن المستغل والقوي، والمستغل والمستضعف، عن الحق، وعن الباطل... إلخ، ولو عددنا أضعاف ما عددناه فإننا لن نخرج عن إطار الأنماط الأولية الكبرى، أو الثانوية التي تشتق منها، وبالتالي يكون الأدب واحدا عند البشر، وليست التلاوين القومية التي نجدها في هذا الأدب من دون آخر سوى أصباغ لا أوضاع، فالأوضاع واحدة لكن الأصباغ تتنوع بحيث بات من السخف الادعاء بأن هذا البلد، أو ذاك يختلف في أدبه عن البلد الآخر كل الاختلاف، وبالتالي لاتؤثر الأصباغ في جوهر الأدب، ولذلك نجد أن الاديب الذي يحلم أحلامه في الأجواء الإفريقية، لا يختلف كثيرا عن الأديب الذي يسكن في القطب ويحلم أحلامه في أجواء الصقيع، وهكذا نجد أن رموز الأحلام تبقى واحدة لا تتغير، وكما أن الطبيعة البشرية واحدة فلا بد أن يكون الأدب واحدا ([1]).

لا يكتشف الأديب الأنماط الأولية الكبرى لأنه خاضع لها من دون أن يشعر، وهو يتحرك ضمن إطارها الذي رسمه الخيال الأدبي، ويشمل هذا الإطار العالم العلوي وهو عالم الأبطال، والآلهة والخارقين... والعالم الدنيوي وهو عالم البشر العاديين، والعالم السفلي وهو عالم الكائنات الدنيا، عالم الشياطين، وكل ما يشابههم من المخلوقات الشريرة، وهناك مستويات كثيرة بين هذه العوالم، وأبرزها: ـ المستوى الإلهي ـ المستوى البشري ـ المستوى الحيواني ـ المستوى النباتي، ولا توجد حدود فاصلة بين هذه العوالم.

---

[1] راجع: يونغ، كارل غوستاف، علم النفس التحليلي ، ترجمة نهاد خياطة، ط1، 1985، دار الحوار، اللاذقية، م.س. ص 40.

ب ـ الأدب واللاشعور الجمعي

يرى يونغ أن الفنان ليس شخصا مريض الأعصاب، بل إن الفنان والعصابي يعيدان بالتفصيل الأساطير المستمدة من التجارب الشعائرية عند الإنسان البدائي، وتتم هذه الإعادة أحيانا عن وعي ومرات كثيرة عن غير وعي من خلال الأحلام، وبالتالي يكون لاشعور الأديب مرتبطا باللاشعور الجماعي ارتباطا وثيقا، ويختزن لاشعور الأديب الملكات والميول الكامنة في الجنس البشري كله، وهو مخزون من الميول البشرية، والتطلعات، والأشكال، والأحلام... إنه مجموعة من القوى التي سوف تجد تعبيرها ما أن تستطيع إلى ذلك سبيلا، ويختزن اللاشعور الجمعي تجارب الماضي للجنس البشري، وهو الذي ولد الأبطال الأسطوريين البدائيين، وهذه التجارب تولد أخيلة فردية مشابهة للرجل المتمدن الذي يجد أكثر تعبيراته في رمزية تتجاوز حدود المكان والزمان، فالطقوس والشعائر التي كانت تقام في العصور القديمة لم تعد تظهر كما هي في أيامنا، وإن استمر منها بعض البقايا كعيد الربيع، وعيد الشجرة، وعيد الغطاس الذي يعود إلى أزمنة سحيقة، ولقد تغلغلت هذه الطقوس في اللاشعور الجمعي على شكل أنماط أولية، وهذا اللاشعور الجمعي هو التعبير من ناحية عن وراثتنا للمراحل السابقة من حياتنا البشرية الموغلة في الزمن، وبالتالي تفرض حياتنا أن نختزن في أنفسنا المراحل التي مرت بها البشرية، بل إننا في حياتنا الفردية نكرر تلك المراحل، ومن ناحية ثانية هو التعبير الصادق عن نزوعنا، وهذا النزوع ليس دائما شعوريا راقيا بل قد يكون نزوعا عدوانيا إلا أن الأدب يعدل من النزوعات العدوانية، والأديب يصف الجريمة، ولكنه يدينها، ويصور الشر ولكنه يستنكره ([1]).

[1] يونغ، كارل غوستاف، علم النفس التحليلي ، م.س، ص 40-45.

جـ ــ خلاصة النقد الأسطوري عند يونغ

يذهب فريق من النفسانيين ممن اعتنق نظرية يونغ إلى أن النص الأدبي هو مجرد بناء نفساني، ولكنه بناء ذو معان ورموز كثيرة، يتسنى للدارس من خلالها أن يقوم بتحليل ما قيل فعلا (المكتوب)، وما لم يقع التصريح به وبقي ضمنيا (المسكوت عنه)، وما لا يمكن أن يقال (المكتوم) وبالتالي يكون التحليل النفسي للأدب وسيلة الباحث في الكشف عن الأعماق والتوغل في سراديب اللاوعي.

وإذا كان النص الأدبي «كتابة مرموزة وخفية» فإنه يختزن في داخله القضايا الآتية:

أ ـ النص الأدبي نظام رمزي بحت، أي إنه يحتوي على رموز لا بد من كشفها وتحليلها.

ب ـ هدف التحليل النفسي الأدبي هو تحليل الخصوصيات النفسية للكاتب من حيث هو نموذج للإنسان عموما.

ج ـ تجب قراءة الحياة عبر النص الأدبي وليس العكس، فالأدب هو الحياة الفعلية.

د ـ ترداد الأفكار هو أحسن طريقة للكشف عن شبكة العلاقات اللاواعية داخل النص ([1]).

لقد استطاعت مدرسة النقد الأسطوري أن تأخذ لنفسها مكانا مرموقا على ساحة التحليل النفسي الأدبي، وتمكنت هذه المدرسة من وضع حدود فاصلة بينها وبين مدرسة فرويد حيث كان يتم الخلط بين المدرستين، ومع أن النقد الأسطوري يقر بالعقد النفسية التي اكتشفها فرويد، إلا أنه وسع مفهوم هذه العقد، معتبرا أن النزوع البشري أكبر بكثير من أن تتحكم فيه الغريزة الأحادية، وقد اعتمدت هذه المدرسة في تثبيت نظريتها على الأساطير التي بينت أنها لا

---

[1] راجع: نويل، جان بلامان، التحليل النفسي والأدب ، م.ن، ص 24.

تنصاع إلى الفرويدية إلا في جزء منها، فالأساطير سماء بلا نهايات أو حدود، وهي لا تقبع خلف الخيال الأدبي فقط، وإنما تتعداه إلى الخيال العلمي الذي منه نهضت العلوم الحديثة، فخلف كل اكتشاف علمي كانت أسطورة في الظلال ([1]).

ومن إنجازات هذه المدرسة تأكيدها أن الصورة الأدبية ليست أسيرة المفهوم الجنسي إذ إنها تحمل كل ما يجيش به اللاوعي، فوظيفتها أبعد من الارتهان بالمفهوم الجنسي، ونظرا لارتباطها باللاوعي فإنها تقوم بلعبة جدلية: الظهور والتجلي، ولا بد من أن يكون الناقد واعيا كل الوعي لهذه اللعبة التي تقوم بها الصورة، لأنها في لعبتها هذه إنما تختفي أكثر مما تظهر، وفي جدلية الخفاء والتخفي تظهر براعة الناقد، ويجب أن تكون دراسة الخيال حذرة في مجال الصورة الأدبية التي تمارس جدلية التجلي والخفاء كتطوير لجدلية القناع والظل، أو جدلية الأنيما والأنيموس عند يونغ ([2]).

إن الأدب ظاهرة صحية، وربما كان أعظم الظواهر الصحية البشرية، منذ القديم حتى اليوم، فكأن الأدب عقيدة سرية قديمة لا يعرفها إلا من حاز جواز السفر إلى اللاوعي الجمعي، أي الرؤيا، وبهذه الرؤيا يحاول الأدب إعادة التوازن إلى البشر في علاقاتهم بعضهم مع بعض وفي علاقاتهم مع الطبيعة، وإن أهم ما في نظرية النقد الأسطوري اعتبارها أن الأدب أوسع من أن يكون مرتبطا بالعقد النفسية، وعلى الأخص العقد الأوديبية بل يشمل الرؤى الكونية الشمولية كالدمار،والانهيار والموت، والانبعاث، والتجدد، والخلود... إلخ، وهذه الرؤية ابتعدت عن تلك العقد الجنسية التي جاء بها فرويد، وربطت الأدب بالعقد الأوديبية ([3]).

---

[1] راجع: عبود، حنا، النظرية الأدبية الحديثة والنقد الأسطوري ، ط1، 1999، منشورات اتحاد الكتاب العرب، دمشق، ص 130.

[2] م.ن، ص 131.

[3] م.ن، ص 44.

خاتمة الفصل الأول

رأى بعض المحللين أن النص الأدبي متعلق بـ«لاشعور مؤلفه»، واتجه هؤلاء إلى تتبع العقد النفسية لصاحب النص، وانهمكوا في استنطاق لاشعور الكاتب، واعتقدوا أن من الواجب أن نعود بكل شيء إلى الماضي البعيد للأديب لأن النص الأدبي مصدره الأديب، وبالتالي لا يمكن أن يدرك هذا النص إلا من خلال صاحبه، ولا يمكن أن يدرك صاحب النص إلا بمعرفة دقيقة لمسيرة حياته، وبذلك نجد أن المقارنة بين النص الأدبي، والظروف المتعلقة بسيرة صاحبه تتناسب مع نظرية صدمة الميلاد.

اهتم هذا الفصل باستكشاف المدارس الأدبية التي اعتبرت أن نفسية المؤلف هي نقطة الارتكاز في عمله الإبداعي، وهذه النفسية نستدل عليها من خلال متابعة سيرته الذاتية، التي تعرفنا على الصدمات المؤلمة التي مرت في حياته، وكان لها تأثيرها في أدبه، وارتكزت هذه المدرسة على أبحاث فرويد التي تناولت حياة بعض الأدباء والفنانين، ومن تلاه من أمثال يونغ وغيره.

علم النفس الأدبي

الفصل الثاني

التحليل النفسي للنص

مقدمة

ارتبطت مناهج تحليل النص بالمؤلف ولاوعيه تأثرا بفرويد، قبل أن تتبدل عند الذين اتجهوا إلى الاعتقاد أن النص لا يعبر إلا عن نفسه، ولا علاقة لمبدعه به بعد أن يطلقه على صفحات منشورة، ثم انطلق بعض النقاد بدراسة النص الأدبي بعيدا عن نظريات فرويد، واعتقد فريق آخر من المحللين النفسانيين أن النص الأدبي هو في حد ذاته يختزن لاوعيه الخاص، وهذا اللاوعي يختلف عن لاوعي مؤلفه، ويستدلون على ذلك بأن اللغة تحمل في طياتها معاني تخفى على المؤلف نفسه، وكل كلمة في النص تحمل دلالات متنوعة أبرزها:

أ ـ الدلالة الذاتية: وتعني المعنى المعجمي للكلمة.

ب ـ الدلالة السياقية للكلمة: المعنى المفهوم من سياق الكلام.

ج ـ الدلالة الإيحائية: المعنى التضميني (أي ما توحي الكلمة للقارئ).

د ـ الدلالة الرمزية: المعنى الدلالي للكلمة الرمز.

تختلف هذه الدلالات باختلاف القراء وأحوالهم النفسية، ومستوى الثقافة لديهم، وهذه الدلالات هي التي نتمكن من خلالها من اكتشاف لاوعي النص، وهذا اللاوعي يرتبط بجملة النصوص المختزنة فيه، التي يلمح إليها النص من دون ذكرها صراحة، وهذا ما يعرف بالتناص ([1]).

ومهما كانت توجهات التحليل النفسي للأدب، فإننا في هذا الفصل سنبحث عن المعاني المستورة والدلالات الخارجة عن إرادة الكاتب.

---

[1] راجع: نويل، جان بلامان، التحليل النفسي والأدب ، م.س. ص 15.

مدرسة التحليل النفسي للنص

تستهدف بعض مدارس التحليل النفسي النص من دون أن تلتفت إلى صاحبه، وتكون وظيفة المنهج النفسي البحث عن «الأفكار الثابتة والملحة» في النص الأدبي، وتعتبر هذه المدرسة في التحليل النفسي أنها لا تمت بصلة إلى صاحب النص، وإنما إلى بطل النص، كما أنها تجنبت الاستنتاج من الأثر الأدبي إلى المؤلف أو بالعكس ([1]).

وظهر مصطلح «الغربة المقلقة»، وتبعا لهذا المصطلح يتم توصيف الشروط الفنية التي تنطبق في شكل متداول وتقني، وتصبح «الغربة المقلقة»، كل ما يفرض عليه أن يبقى مكتوما، مع إمكانية ظهوره، وباختصار كل ما هو مكبوت ينبثق فجأة في الحياة اليومية كما ينبثق في مشهد الفن، كما أن هناك من قال بتحليل النص من داخله من دون النظر إلى أية دلالات خارجة عن النص، ويونغ هو أول من أشار إلى عدم الارتكاز كليا على صاحب النص، بل يعتقد أنه يجب اعتبار العمل الفني إبداعا، ويوظف كل شروطه السابقة عليه بحسب قوانينه ومصالحه، وبحسب الصورة التي يرغب في أن يكون عليها، وكل ما يعتبر جديا في إبداعه يتطلب المزيد من الجهد، لأن صياغته تبدو معقدة جدا، فالأديب ينتج بوجه عام لغة متوافقة مع أصول القواعد، وخطابا شبه عقلاني، ومقلدا إزاء شروط الواقع عندما يعطي لنفسه حق رؤية متحررة من الأشياء، ونحن نعلم أن ذلك من متطلبات الفن، فبدون التزام كل إنسان، وبدون تطبيق ذكائه، وثقافته، وبدون حب الفنون التي تجعل من الفنان طفلا كبيرا، أو منحرفا ليس هناك ثمة سحر.

---

[1] راجع: نويل، جان بلامان، التحليل النفسي والأدب ، م.س. ص 45.

أولا ـ لاوعي النص

يستمد النص الادبي قوته عندما يتضمن قسطا من فقدان الإحساس واللاوعي، وتقع على عاتق التحليل النفسي الأدبي مهمة اكتشاف حقيقة ما يعنيه النص، وفي هذا الحال يكون المعنى فائضا على النص لوجود نقص في الوعي، ويتمثل دور التحليل النفسي الأدبي في إبراز لاوعي النص، ونصبح أمام المعادلة التالية: الأدب يحمل في ثناياه اللاوعي، والمحلل النفساني يعالج ما يظهر من الوعي، عندما يتعرض لمجموعة المؤلفات الأدبية التي تتضمن بطبيعتها فكرة ما عن واقع الإنسان وبيئته، وطريقة تفاعله مع هذه البيئة، وطبيعة العلاقات التي يقيمها ([1]).

يعرف جان بلامان نويل النقد الأدبي بأنه ذلك النشاط المشترك الذي يتفاعل في تلك المسافة التي تصل القارئ بالنص، مستدلا بمنهجية أو نظرية تساعد الباحث على ضبط قواعد عملية بصورة موضوعية بعيدة كل البعد عن الآلية، والنص الأدبي هو هدف الباحث الذي يسعى إلى معرفة ما يدور في داخله، وتفكيك رموزه، وإيضاح دلالاته، فلكل دلالة معنى يتصل بمعنى دلالة أخرى ([2]).

رفض نويل قراءة فرويد في التفسير الأدبي على الرغم من تضمنها لدلالات متنوعة، واعتبر أن هذه القراءة تبقى تأويلية، وموضوعاتية في عمليات التفسير، وبالتالي فإن كل ما هو جوهري في التفسير يتحدد من خلال إقامة سياج للنص الذي يكون هدفا للدراسة لا تتجاوزه اللاشعورية إلى الخارج، ويفضل نويل مقاربة النص من الداخل، ويتضمن هذا الداخل شبكة من الانقطاعات اللاشعورية، ويعتبر نويل أن التأويل هو حين نرسم فضاء المسارات، وندرك

---

[1] نويل، جان بلامان، التحليل النفسي والأدب ، ص 110.

[2] م.ن، ص 120.

تشابك الدلالات، وأصداء الألفاظ، وحين نعير اهتمامنا من أجل المشاركة في النص، فإننا نعرف ذلك كله بالتأويل.

ويتابع جان بلامان نويل نظريته في لاوعي النص، ويقول: «ليس الأديب هو من يتكلم في الأثر الأدبي، بل النص في ذاته، ذلك النص الذي ينغلق على نفسه، ويلغي من صاغه، كذلك الحال بالنسبة إلى الحلم، وتبعا لنظرية فرويد فإن الحلم هو حارس النوم، ونستطيع القول إن النص هو حارس الاستيهام، ويستوعبه، يضمه، يستخدمه كي يضع فيه مادة خاصة، يستأصلها من التجربة المعاشة للمؤلف وحينئذ لن يتوافر الحظ لنقد التحليل النفسي كي يحيط بموضوعه إلا إذا انطلق من خلال فرضية تعترف بأن النص مزود بلا وعي خاص به... إن التعبير الأساس هو التعبير القائل «النص يمتلك لا وعيا...» ([1]).

يشرح نويل نظريته في «لاوعي النص»، ويعتبر أن النص يمتلك لا وعيا خاصا به بمعزل عن وعي مؤلفه، ويرى أن النص يتحدث عن ذاته، ولا يقول شيئا عن صاحبه الذي جاء به إلى هذا العالم، ويعقد نويل مقارنة بين النص الأدبي، وحياة الإنسان التي لا تقول شيئا عن تلك التي حملته، ووضعته في هذه الدنيا، ويبلور نويل رؤيته باستقلالية النص فيشير إلى أن الكاتب قد يحدد معنى ما لمضمون ما يكتب، وهو ذاك المعنى الظاهر الواعي الذي دفعه أصلا إلى الكتابة، إلا أن الكاتب نفسه قد يستغرب إذ يفاجأ أثناء عملية الكتابة، باكتشاف نفسه متلبسا بتدوين أحلام خارجة عن المشروع الذي حضر له، وخطط له عن وعي ووضوح في الرؤية.

ويشدد نويل على أن الكاتب هو فاقد للحق على ما كتب ونشر، والمعنى في رأيه لا يظهر إلا عند القراءة، ومن خلال علاقة القارئ بالنص

[1] نويل، جان بلامان، التحليل النفسي والأدب ، م.س، ص 44.

تتضح ملامح المعنى، وتتحدد دلالاته، وينجلي الخفي منه، وتستخرج القيم اللامرئية منه ([1]).

كلمة أخيرة في لاوعي النص

يختزن الأدب جهازا من المفاهيم يمكن الناقد من الغوص في أغوار النفسية العميقة، والاستدلال على تأثيرات اللاوعي وإعادة بناء نماذج التفكيك، واكتشاف رؤية العالم...إلخ. إن القبض على هذه القضايا في النص الأدبي، يتطلب من الباحث التسلح بأدوات علمية تمكنه من اصطياد خوافي النص، ويجد ضالته هذه في علم التحليل النفسي، وعلم النقد الأدبي لأنهما ينظمان عملهما وفق منوال واحد، وهما طريقتان للقراءة، ونوعان للتفسير، فالأدب والتحليل النفسي يفهمان مقاصد الإنسان في حياته اليومية كما في قدره التاريخي.

إن هذا التمازج بين التحليل النفسي والتفسير الأدبي يشكل ترابطا عضويا، وهذا الترابط له مبرراته الكثيرة، ومنها أن الأدب يعتبر نتاج اللاوعي قبل أن يكون حصيلة الإدراك والوعي، ولذلك تقع على الباحث مهمة البحث في الأعماق والتفتيش في «سراديب اللاوعي طلبا للحوافز الكامنة وراء الإبداع»، ويستدعي هذا التفتيش المطالبة بمنهج يحترم دراسة الأدب على ضوء التحليل النفسي بما فيه من احتمالات، وتأويلات، ونتائج... من هنا نرى ضرورة انصراف الأديب إلى التحليل النفسي للأدب لأن له اهتماما مستمرا بالنتاج الفني.

ثانيا ـ نظرية شارل موران في النقد النفسي الأدبي

أسس شارل موران المنهج الذي سماه «النقد النفسي الأدبي»، مقابل ما

---

[1] راجع: نويل، جان بلامان، التحليل النفسي والأدب ، م.س. ص 16.

كان يسمى «التحليل النفسي للنص الأدبي»، وأوجد موران في دراسته لمسرح راسين اللحمة بين معطيات النص الأدبي المسرحي، وسيرة مبدعه، وقد حقق موران انطلاقة جديدة عبر اكتشافه الذي أسماه «الاستعارات الهاجسية في النص»، وتحرر هذه الطريقة برأيه من الالتباس الذي نتج عن العجز عن التمييز بين المؤثرات المتبادلة والمتداخلة للعناصر الواعية في العمل الأدبي، وفي تلك العناصر اللاواعية ([1]).

حصر التحليل النفسي للأثر الأدبي في حدود كشف ما هو خفي لم يعد يؤدي إلى نتائج ذات موضوعية بحسب موران الذي اتجه إلى البحث عن دلالة العلاقات التي تربط بين هذه المفردات، ظاهرها وخفيها، ويعتقد موران أن الكشف عن العلاقات التي تربط بين الاستعارات الهاجسية المتكررة، والثابتة في النصوص، وصفتها الهاجسية تدل على انتمائها إلى اللاشعور، وهذه الصفة الهاجسية لا يثبتها التكرار وحده، وإنما الحالة النفسية التي تلازمها كالاكتئاب، والقلق.

ويبقى الكشف عن هذه المعاني الخفية للاستعارة، والمفردات غير كاف ما لم يقترن بالكشف عن الحالة النفسية الملازمة لها ولتكرارها، ويلاحق الناقد الأدبي هذه الاستعارات المكررة في النص الواحد، أو في نصوص متنوعة للمؤلف نفسه، وعندها يقبض على ما يسمى «شبكات التداعيات» التي لها علاقة بالأوليات اللاواعية، وهي بالنتيجة أوليات ذهنية معقدة غير متعمدة من الكاتب، ولأنها غير متعمدة فإن على الباحث تتبعها وتحديد صدى تكرارها، والكشف عن مختلف مظاهرها. لقد اعتبر موران أن «شبكات التداعي» هي من الثوابت في الشعر، ولذلك دعا إلى حصرها، أما في المسرح فدعا إلى ثوابت أخرى، وعلى سبيل المثال لا الحصر نجد صورة المرأة المتسلطة الراغبة في امتلاك الرجل، ويكشف كذلك صورة الأم العدوانية المسترجلة ذات النفوذ الذي تتمتع

---

[1] Mauron, Charles, L'inconscient dans l'oeuver et la vie de Racine, Librairie, Jose, Paris, 1969, P. 10.

به عادة الوجوه الأبوية الذكرية... إلخ، ولقد حصر موران هذه الصورة من خلال دراسته لمسرح الأديب الفرنسي راسين، ورأى أن صورة المرأة الذكورية عند راسين لها أهمية في حياته، لأن هذه الصور هي من استنباطه فهو أضافها، لأن تلك النصوص الأصلية اليونانية لمسرحياته لم تقدم صورا إنسانية كهذه، وتبقى روح التملك، والتسلط في هذه النصوص الأصلية من خصائص الشخصيات الذكرية وحدها، ومن الثوابت التي اكتشفها موران في مسرحيات راسين الصفات التي تخص الشخصيات الذكرية، وقد لاحظ أن البطل في هذه المسرحيات هو كائن في موقع سلطة، ويمارس هذه السلطة، فيقهر سجينته التي أحبها ([1])، ومن الأمثلة على ذلك:

- بيروس يقهر سجينته التي يحبها.
- نيرون يعذب سجينته التي يحبها.
- تيتوس يعذب المرأة التي يحبها، والتي هي بمعنى من المعاني سجينته في بلده.

ومن الأمثلة التي يوردها «موران» على المرأة المتسلطة في مسرح راسين:

- بيروس يعشق أندروماك أسيرته، ويقاوم حب خطيبته هرميون المتملكة الغيورة التي لها حقوق عليه ([2]).
- نيرون يعشق جوني التي أسرها، ويقاوم عاطفة والدته أغرين المتسلطة التي لها حقوق عليه.
- تيتوس يحب بيرينيس لكنه في الوقت ذاته يقوم بصدها، ولها أيضا حقوق عليه، ويعشق باجازيه آتاليدا، وهي مثله أسيرة، ويقاوم روكسان صاحبة النفوذ التي لها عليه حق الحياة والموت.

لاحظ موران بعد استعراضه لهذه النماذج من العلاقات أن هناك صلة بين هذه العلاقات، وغياب الأب ([3]).

---

[1] Mauron, Charles, L'inconscient dans l'œuvre et la vie de Racine, Ibid, P. 12.

[2] Racine, Andromaque, tragédie, Librairie larousse, Paris, P. 60-62.

[3] Mauron, charles, Ibid, P. 27.

إن استخراج الثوابت من العمل الواحد، أو من مجموعة الأعمال أطلق عليه موران اسم «مطابقة النصوص».

يعتبر موران أن مطابقة النصوص عملية ضرورية لاكتشاف الشبكات المتداعية، أو مجموعة الصور الهاجسية التي أفلتت من وعي الكاتب، ويؤكد موران على ضرورة التمييز بين «مقارنة النصوص» التي يعتمدها المنهج الكلاسيكي في النقد، وبين مطابقتها، فالمقارنة تتناول المضامين والبنى الواعية التي أراد الكاتب إظهارها بينما تهدف مطابقتها إلى تفكيك هذا المستوى الواعي وإقصائه ولو مؤقتا ([1]).

ويصل موران إلى المرحلة الثانية من «مطابقة النصوص» وهذه المرحلة يسميها «الأسطورة الذاتية»، ويقصد موران بالأسطورة الذاتية أنها التخييل الذي يتكرر أكثر من غيره في أعمال المؤلف، أو تلك التخييلات التي تقاوم باستمرارية ظهورها عملية مطابقة النصوص، ويصل موران إلى المرحلة الأخيرة من تحليله النفسي للنصوص الأدبية، فيقوم بمقارنة النتائج التي توصل إليها البحث مع سيرة الكاتب ([2]).

يرى موران أن التحليل النفسي لا يؤدي إلى شرعنة كل أشكال الترحل، وما هو جوهري في نظرية موران هو منهج التطابق الذي يعمل من داخل النص من دون الالتفات إلى المؤلف، وبعد أن أخرج موران المؤلف من باب التطابق عاد وأدخله من نافذة الأسطورة الذاتية.

إن البحث عن الاستعارات الملحة في الأثر الأدبي، وإخراجها يتمان من أجل إبراز الشبكة المكونة من العلاقات المتداخلة بعضها ببعض، وندخل من هذه العلاقات اللاشعورية إلى أنظمة أكثر تعقيدا للصور المسرحية التي تكون ما ينعته موران بالأسطورة الذاتية، وهذه الأسطورة هي صورة غامضة عن الذاتية المجزأة، والمتوارية باستمرار عن المسار النقدي التقليدي.

---

1 Mauron, Charles, des Metaphores, obsedantes, au mythe personnel, P. 210.

2 Mauron, Charles, L'inconscient dans l'œuvre et la vie de Racine, Librairie, José, Ibif, P. 17.

لقد تبنى موران مشروع العمل وفاقا لقياس الآثار الكاملة للمؤلف، وكان يقوم بعملية التطابق بين المؤلفات التي تتنوع أحجامها، ويمكننا طرح بعض الأسئلة على هذا التطابق، ومنها:

كيف يقوم الناقد بعملية التطابق؟

هل التطابق هو بين الصور البلاغية والمظاهر النفسية ؟

هل يتم التطابق بين الأشكال المكانية، أو بين المتواليات التي تتضمن تحولات سردية؟

ماذا يريد الباحث أن يعرف؟

هل تتجسد قيمة هذه المكونات من خلال عملية الضم؟

رصد موران في عدد من قصائد الشاعر الفرنسي ستيفان مالارميه (1842-1898)، وفي مسرحيات الشاعر الفرنسي جان راسين (1639-1699) ، شبكة من الصور الملحة، ومواقف نفسية محكومة بالتكرار من قصيدة إلى أخرى، واختار بعد ذلك المنطق الثري للمؤلفات، واضيف بأن كل صورة واعية لها علاقة بفكرة ثابتة، وهذه الأفكار التي تربط تلك الصور هي افكار غير واعية، وحين يتم التطابق بين القصائد أو بين المسرحيات نتمكن من إعادة تكوين الرابط المنطقي وفقا للحالة اللاشعورية، وعندئذ يقوم هذا الرابط المنطقي بإضاءة الوحدات كالاستعارات المجازية، ولا تكمن قيمة المعنى في هذه الوحدات المنفصلة بل تصدر تلك القيمة عن الإنارة الناجمة عن تطابق الصفحات التي تعكس لحظة تأثير الدلالة.

إن هذه الاعتبارات التي تنكشف من خلال ثوابت معينة تبقى مستقلة عن مسألة المعنى الظاهر الذي يفيده النحو السطحي، ومهما تكن شخصيات أدب راسين مختلفة كأغربين وفيدرا... فإنهن في النهاية يخضن المعارك نفسها، وتجلى هذا المعنى بوضوح بعد أن كان كامنا في النص ([1]).

تتضح معالم النص الأدبي من خلال الربط المنطقي بين شبكة الاستعارات

---

[1] Noel, jean, bellemin, vers l'inconscient du texte, Ibid, P. 194

المجازية التي تنتج شبكة من الدلالات اللاوعية، التي تدلنا على الصدمات المؤلمة التي مرت في حياة الأديب، وهذه الدلالات الهاجسية تكون كامنة في النص، ومنفصلة عن المعاني الواعية التي أوردها الأديب في نصه.

ثالثا ـ التحليل النفسي والألسنية

تركزت مدرسة تحليل النص وأخذت استقلالها كوجهة نظر في قراءة النص الأدبي، وقد ارتكزت مفاهيم هذه المدرسة على أساس المناهج النقدية الحديثة، كالألسنية، والبنيوية، والدراسات الأدبية المتخصصة في السردية... إلخ.

لقد تزامن نشوء التحليل النفسي مع ولادة الألسنية، كما أسسها سوسير، ومع أن هذين المذهبين (النفسي/الألسني) مختلفان في الأهداف، فهما يشتركان في معالجة الكلام الإنساني.

تعمد الألسنية إلى الكشف عن آليات اللغة، وتهمل معطيات الكلام، وبخاصة الألسنية البنيوية، التي أبعدت الشخص الناطق عن حقلها التحليلي، في حين أن الألسنية التوليدية أو التحويلية كانت ترتكز على الفاعل غير المنطوق، والتحليل النفسي ليس غريبا عن التحول الحديث الذي يصيب حقل المعرفة، والذي كان قد وسم بـ «موت الفاعل» أي خلع الإنسان عن عرشه، وحرمانه من السيادة التي عهد إليه بممارستها على الواقع وعلى ذاته وعلى الكون.

أ ـ التحليل النفسي اللغوي

إن اللغة ذات الطابع التواصلي والنفعي هي حالة نموذجية للغة ضعيفة، وهشة ومعرضة لاجتياح زلات اللسان، ومقدر لها أن تخضع لهيمنة المنطق سيد التبادل المنظم بين الناس، وهي تمتلك الدلالات الواضحة، فلكل كلمة مدلول واحد بوجه عام بحيث يفكك المحلل رموز المرسلة بدون صعوبات، فلغة الطفل الذي يلعب، والرجل الذي يحلم، والمجنون... كل هؤلاء يتكلمون لغة

غامضة يسكنها اللاوعي، ويعمل على تحريفها بانتظام، أما اللغة الشعرية أي لغة الفن، فيتوجب عليها أن تقدم لنا تركيبا مزدوجا ([1]).

تجتاز مجموعة الانفعالات اللغة أولا في إطار غير متلفظ وغير ألسني على شكل صرخات تعجب، ونسترد تلك الانفعالات على هيئة مفردات ملائمة (إني مريض.. هذا يعجبني)، ويتم عرض هذه الانفعالات بطريقة ملتوية بالنسبة إلى محور الخطاب.. ولنفترض أن هناك وصفا في قصة معينة، فإننا نجد أن هذا الوصف غير ناتج عن الواقع بأي حال، بل إن هذا الوصف يضع مقارنة لموضوع العالم كاشفا عن طريق المواربة، وعن انطباع وإن كان زائلا، كما يكشف عن الشعور بالإشباع حتى باللامبالاة.

إن عملية ضم كل ما هو وجداني إلى هوامش الخطاب هي بحد ذاتها مشكلة، لأن التمثيلات اللاشعورية تبرز بواسطة الآليات التي تبني اللاوعي، وتلك التمثلات التي تمكنت من الظهور والاعتراف بنفسها على الرغم من الرقابة في الخطابات، أو كل ما هو على شكل خطاب كالعوارض، والحلم، واللعب الطفولي، ولعبة الكلمات إن كانت مرغوبة أم مرفوضة، وهذه الخطابات التي نلتقطها على شكل أنواع من الصور، وتمثلات الأشياء، أو على أساس إشارات لغوية هي تمثلات الكلمات سواء أكانت كلمات، أو أشياء، فالوعي الذي هو كلام، أو خطاب لا يمكن إدراكه إلا من خلال اللغة، ومن هنا يصدر الاسم الذي يطلقه أصحاب (لاكان) (*) الدال لأن الأصوات وحتى الحروف التي تجسد الإشارات اللغوية خالية من دلالاتها المنطقية الشائعة، والمنسوبة إلى نظام آخر من الدلالات ما يجعل فعل الإشارة مضافا، أو بدلا من تكون اللاوعي في اللغة لكنه لا يمتلك لغة خاصة به، إنه قادر على تحريف اللغة، أو على الأصح هو القدرة فنحن أمام مادة كلامية مصوغة بشكل دقيق بواسطة علم بلاغة خاص.

---

[1] نويل، جان بلامان، الترجمة العربية ، م.س. ص 116.

(*) جاك لاكان (1901-1981) طبيب فرنسي مؤسس مدرسة للتحليل النفسي اعتمدت على دراسات الألسنية، وعلم الجنس البشري البنيوي.

اقترح نويل اختصار الخطوط الكبرى للتنظيم الاستيهامي في الكلمات التي تختزنها الجملة، ثم الاهتمام بحروف النص وبماديته، التي تدل على شيء، وليس على الصفات فقط، وإنما الكلمات وأدوات النحو بدءا من التقطيع، ووصولا إلى الحروف المكتوبة ما هي سوى وسيلة الاتصال الحيوي بين النفس والجسد، ويعتقد نويل أن التفسير اللغوي يتحقق في كل واحد منا على أساس نقطة الاتصال هذه ([1])، ومن يتيسر له أن يعالج الكتل الاستيهامية سيكون قادرا حتما على فصل هذه النواة اللاشعورية، لكن ذلك لا يكفي لأن اللاوعي عندما يوظف في السيرورات الأولية، فهو يقارب الكلمات على أساس أنها أشياء يجبرها على إبراز جوانبها المادية كالأصوات، وصدى القوافي... إلخ قبل أن يستخدمها على هيئة مواضيع ثقافية خاضعة للمعجمية، والتقعيد، وفي هذه الحال علينا أن نراقب المعنى أي إنتاج الدلالة، كما يحق لنا أن نطابق بين أسماء العلم الخالية من أي معنى، كما يجب علينا أن لا ننسى البعد النحوي للدال فنلاحق أسلوب الجمل الموسوم بالتفكك، أو بالترابط، والخاضع لإيقاع خاص به، كالسجع والجناس... كما أننا يجب أن نلاحق الصيغ التي تتحايل على المؤثرات كالتعجب وغيره ([2]).

يعلم المحلل الناقد أن أهمية النص تكمن في السيرورة وفي سياق التسلسل، ويتموضع نموذج انتظام سير العمل في سيناريوهات أحلام اليقظة، وفي الاستيهامات اللاشعورية لكل التخييل، ويشبع الشخص رغبته وفق الطريقة الخيالية حين يتمثلها لنفسه، ويمكن لنا أن نستدل على هذه التأثيرات في مجاز مرسل إلا إذا توجب القول: إن علم البلاغة الكلاسيكية قد اهتدى إلى آليات اللغة الحلمية، وتحتل هذه اللغة الحلمية العبارات الرائجة مثل الصور البيانية المبنية على التبادل من خلال التشابه والتجاور، والانتماء، ويختزن النص عددا

---

[1] راجع: نويل، جان بلامان، التحليل النفسي والأدب ، م.س. ص 113.

[2] راجع: الماضي، شكري عزيز، في نظرية الأدب ، ط1، 1986، دار الحداثة، بيروت، ص 146.

كبيرا من المهارات الماكرة التي تلجأ إليها الصور التعبيرية، ومثال على ذلك التلميح، المبالغة، السخرية، التعرض،... إلخ، وعملية المقارنة بين علم البلاغة، والصياغة الكلامية، تخرج التحليل النفسي الأدبي نهائيا من النموذج الخاص بفرويد.

لقد عرض جاك لاكان في الحلقة الدراسية المخصصة لـ (الرسالة المسروقة) تلك الرسالة الشهيرة، التي تنقلت من الملكة (لا يعرف كيف وصلت إليها) إلى الوزير ثم إلى مساعده دوبن.

اعتبر لاكان أن هذه الرسالة هي مصدر مهم في تحليل تداول الدال، وتقترح الرسالة المسروقة بسهولة فائقة نموذجا قادرا على التدخل الفاعل في المنتج للمعنى ([1]).

1 ـ تداعي المعاني في النص

يقصد بتداعي المعاني توارد المعاني على الذهن الواحد تلو الآخر لوجود ترابط بينها، وتتم عملية توارد المعاني في التشابه، والتضاد، والزمان، والمكان، ونعطي لتوضيح توارد المعاني الأمثلة الآتية:

أ ـ التشابه: من تداعي المعاني بالتشابه، أن نرى شخصا فيذكرنا بشخص آخر نعرفه وذلك للتشابه بينهما في الملامح أو في الصوت أو في طول القامة.

ب ـ التضاد: إن رؤيتنا للإنسان الكريم تذكرنا بالبخيل والذكي بالغبي والفقير بالغني...

ج ـ الزمان والمكان: إن الحوادث التي تحدث للإنسان في زمان واحد أو مكان واحد، تستدعي بعضها بعضا.

تمثل ظاهرة تداعي المعاني أهمية بالغة في الأدب، إبداعا، ونقدا لأنها في الأساس النفسي للأساليب البيانية من تشبيه واستعارة ومجاز وكناية ([2]).

---

[1] الماضي، شكري عزيز، في نظرية الأدب ، م.س، ص 147.

[2] م.ن، ص 150.

2 ـ تداعي المعاني في التشبيه

يلاحظ الأديب شيئا ما، فيتذكر عن طريق تداعي المعاني ما يماثله من أشياء كان قد شاهدها من قبل، فينتخب منها في حال التشبيه ما يحقق غرضه، ويطابق مقتضى الحال، فإذا رأى وجها مشرقا وشبهه بالبدر، فإشراق الوجه واستدارته وجماله قد استدعت إلى ذهنه نظائرها في البدر فاختاره مشبها به.

وكذلك إذا سمع صوتا جميلا فإنه يشبهه بصوت البلبل، وأسهل أنواع هذا التشبيه من حيث التكوين والإدراك ما كان طرفاه ووجه الشبه فيه من الأمور الحسية التي تدرك بالحواس، وأكثر أنواع التشبيه حاجة إلى التفكير وإعمال الذهن ما كان كل من طرفيه، ووجه الشبه فيه صورة مركبة من عناصر متنوعة ومن أمثلة هذا التشبيه، قول البحتري:

وتراه في ظلم الوغى فتخاله

قمرا يكر على الرجال بكوكب

يبحث علم البلاغة في جمال التشبيه الذي شبه في هذا البيت ثلاثة أشياء بثلاثة أشياء، فإنه شبه غبار المعركة بالظلمة، والممدوح بالقمر، وسنان الرمح بالكوكب، وهذا من الحسن النادر.أما التحليل النفسي فيبحث في التداعي الذي جمع معاني الحرب بالظلام، والفارس بالقمر، ولمعان سنان الرمح بالكوكب، وهذه المعاني التي خطرت على ذهن الشاعر فركب هذه الصورة.

يمثل تداعي المعاني الأساس النفسي للتشبيه.

3 ـ تداعي المعاني في الاستعارة

تتألف الاستعارة في الأصل من تشبيه حذف أحد طرفيه، وبالتالي فإن ظاهرة تداعي المعاني تدخل على الاستعارة عن طريق التشبيه كأساس نفسي لها.

تتميز الاستعارة عن التشبيه بالمبالغة، والإغراق في التخيل، فلا يرى الأديب في الاستعارة شيئا يشبه شيئا آخر في صفة أو أكثر، وإنما يدعي أن المشبه هو عين المشبه به، وينتج هذا الادعاء الاستغراق في التخيل، والمبالغة في تجسيد المشبه به لدرجة يزول فيها التباين بين المشبه والمشبه به حتى يصبحا شيئا واحدا.

إن الاستعارة القائمة على إسناد الحياة إلى الجمادات(تنفس الجبل/ بكت السماء/ غضبت الطبيعة...)، وإسناد صفات الإنسان إلى غيره من الكائنات الحية(تكلم الحصان/ غنت الببغاء/ كرم الهر الفأرة/ خدع الذئب الأرنب..).
ينظر التحليل النفسي إلى مثل هذه الاستعارات على أساس أنها من بقايا معتقدات أسطورية لدى الإنسان البدائي، أو هي ناتجة عن قوة الخيال الإنساني التي تمتد إلى ما يحيط بالإنسان من الكائنات.

4 ـ تداعي المعاني في الكناية

تعرف الكناية في الاصطلاح بأنها لفظ أطلق وأريد لازم معناه، مع جواز إرادة المعنى الحقيقي للفظ.
تقوم الكناية على أساس التلازم الذي هو أحد عوامل تداعي المعاني لأننا باستعمالها نستخدم اللازم ونريد الملزوم، فإذا كنينا عن الكرم بقولنا: «رجل كثير الرماد»، ويوجد تلازم بين كثرة الرماد والكرم لأن الكرم يستلزم في الذهن صورة كثرة الضيوف، وتقديم الطعام، ويستدعي ذلك في الذهن كثرة الطبخ وتبرز إلى الذهن صورة كثرة إيقاد النيران، وكل ذلك يستدعي في الذهن كثرة الرماد.
يتضح لنا أن الأساليب البيانية تعود في الأساس الأول إلى الظواهر النفسية في الحياة العقلية، ومنها ظاهرة تداعي المعاني إضافة إلى التصور والتخيل، كما أن التجارب التي يمر بها الإنسان تقوي تصوره وتوسع دائرة خياله، كما تساعد على إدراك ما بين الأشياء من علاقات وروابط ومفارقات.

ب ـ التحليل النفسي للكتابة والقراءة

بدأت اهتمامات التحليل النفسي الادبي تتجه إلى معالجة مؤلف النص، ومن ثم عالجت قضايا النص والأساليب اللغوية التي يختزنها كالاستعارة، والكناية ...إلخ، ومن ثم انتقلت جهود التحليل النفسي الادبي إلى ملاحقة الدلالات النفسية التي تختزنها عمليات الكتابة والقراءة.

1 ـ التحليل النفسي والكتابة

ترى مدرسة التحليل النفسي الأدبي أن ما نكتبه يتعلق بشيء خارجي لا نستطيع الحصول عليه على الرغم من كل ما نفعله، كما أنه يبعدنا عن نسيج الورق، ويمكننا القول إن جمل طاولة الأديب تهدف إلى غاية خاصة بها ومن خلال أجل محدود، ويطلق اسم «التثبيت»، على التأثير الذي يعرف بالأدبية، والقادر على إقفال اللغة على ذاتها، لدرجة أن الاستيهامات التي يتضمنها النص لا تنساق أمام نظرنا من الوعي حتى يتم تحمل مسؤوليتها أو استرداد قوتها، وبدل أن يذيبها العمل الفني يكرسها، جاعلا منها أثرا تاريخيا، ولن يتلاشى الاستيهام بل سيبقى شبحا حين يصبح قريبا لذاته، ولن نتمكن من تدميره، «إن الكتابة لا تشفي من الاستيهام بل تصونه» ([1]).

والكتابة هي آلية دفاع في أتم الكمال لكنها ليست أكثر فاعلية من غيرها من آليات الدفاع، ومع ذلك فإن على الكاتب حين يشرع في كتابته كي يخاطب الجمهور، أن يكتشف بنفسه وسائل الكتابة الفنية من تواطؤ، ولعب ـ على اعتبار أن الأدب لعبة محضرة ـ من أجل أن يمنح زخما لعمله الأدبي في لاوعي القراء.

يجاهد الأديب بواسطة اللغة كي يستخرج من ذاته شيئا عزيزا على قلبه، أو يعثر على الشكل الذي يأخذه على عاتقه، فاللغة النقدية التقليدية تنسجم مع كل هذا، ووظيفة التحليل النفسي هي فن تفكيك رموز الحقيقة في كل القطاعات الغامضة للتجربة الإنسانية، كما يعيشها الإنسان أي كما يرويها للآخرين، أو لنفسه، وكلما عاد الإنسان إلى نفسه وأخرج نشاطه المعرفي عن المسلمات، وعن الطبيعة يجد متنفسا لأوجاعه الداخلية التي يعيشها بشكل عميق، كما هي حال غالبية الناس.

إن المعاناة التي يعانيها الاديب في إعداد نصه تكون بمثابة الثمن، ليس من

---

[1] راجع: نويل، جان بلامان، م.س، ص 64.

أجل حث الأثر الأدبي على الحلم فحسب، بل من أجل فسح المجال أمام النص كي يبدأ الحلم، و تبرز في الحلم أهمية الأداء الكلامي، ولا سيما دور القارئ الذي يتلقى العبارات، وبالتالي يجب على القارئ الذي يحلم من خلال قراءة النص أن يعثر على عمل يعبر عن اللاوعي ([1]).

2 ـ التحليل النفسي والقراءة

تفترض القراءة من منظار التحليل النفسي التزام القارئ امتلاك نظرية فرويد مع امتلاكه كفاءات في تاريخ العصر، ومعرفة اللغة، كما يجب أن يمتلك توظيفا لاشعوريا بسبب وجود تحرك وجداني في كل منهج، ووحدة الوجدان كبيرة في القراءة النفسية فالالتواءات الملصقة بالقارئ تبدو متفاقمة بسبب حالة المقاومات أو الجموح ([2]).

يتمثل إنجاز الرغبة من خلال القراءة داخل الأنا فيما نسميه الوظيفة النرجسية، وعلى سبيل المثال، فموضوعي الحب هو في داخلي، وليس كجسم غريب بل كجزء من الأنا الخاص بي، وفي إطار التواصل مع ما يتعدى النرجسي يتطلب التبادل بين الأفراد شكلا منفردا من الموهبة المعروفة والمقبولة، كما أن «الأنا النرجسية» مطلوب منها أن تعيش بشكل معين الدرجة الاستثنائية لبذل الجهد الهادف إلى استخراج أي عنصر، والتعرف عليه من أجل تمريره عبر الموافقة الفكرية وصولا إلى إدماجه في التجربة المعيوشة، ثم إن جرعة معينة من الموهبة تنظم نجاح العبقرية، وبالنسبة إلى اللاوعي يتملكنا شعور بالحياء عندما نقرأ كتابا موسوما بالجرأة، وهذا برهان يدلنا على أن نظر الشخص الآخر يسيطر علينا أثناء القراءة الفردية.

---

[1] راجع: نويل، جان بلامان، م.س، ص 120.

[2] المقاومة: هي كل ما يقوم به الشخص المعالج، من أعمال وكلام... إلخ، هدفها منع المحلل وعدم تمكينه من النفاذ والوصول إلى لاوعي (الشخص المعالج)، ومن الأمثلة على هذه المقاومة، ما يبتدعه المعالج فيما اصطلح عليه باسم «النقلة العكسية»، وهي عبارة عن مجموعة من ردات الفعل اللاواعية يقوم بها الشخص المعالج، ويتوجه بهذه إلى المحلل نفسه فينقل المريض استيهاماته إلى المحلل.

إن نصي هو الذي يراقبني، وبطريقة معينة ما يحاكمني، وهذا ما نسميه بالتماهي، فكل منا يكون فكرة ما عما يقرأ، والأدب يزدحم بأولئك القراء الذين يعتقدون أنهم مثل الأبطال الذين يألفونهم ويعتبرونهم نماذج للمحاكاة، ومثال على ذلك، قصة «دون كيشوت» الذي كان يداوم على قراءة قصص الفروسية فتماهى مع أبطالها وعاش حياته فارسا يناضل ضد الأشرار.

إن التماهي مع الفارس المقدام يتعلق بمسار تمجيد الذات، والتباهي سرا بواسطة شخص وسيط يملك الإتقان والكمال.

محصلات الباب

يتميز الكاتب المبدع بتكوين خاص، ويعتبر وليد مرحلة تاريخية محددة، ويعيش واقعا اجتماعيا سياسيا اقتصاديا معينا كما يتأثر بنوازع ذاتية تكوينية، والنفس الإنسانية معقدة تنطوي على سلسلة من التناقضات التي تبدو مختلفة، وإن كانت متوازية، فالخير والشر، والإيمان والإلحاد، والحب والكراهية، والإيجاب والسلب، والعفو والانتقام، واللذة والألم...الخ، كل هذه الأشكال إنما هي متوازية لطبيعة النفس البشرية التي تجمع في تكوينها هذه المتناقضات ([1]).

يعبر الأدب عن الذات أي عن العواطف والمشاعر، فالأدب هو علم الأحاسيس، وهذه المشاعر هي من بديهيات التكوين النفسي في العمل الأدبي:

«الأثر النفسي الذي يريد إحداثه النص يتمثل في العواطف التي يريد إثارتها سواء أكانت حزينة أم مفرحة» ([2]).

إذا كان الأدب نابعا من الذات ومعبرا عن الفرد في معاناته، إلا أنه في الوقت نفسه، يعبر عن المجتمع الذي يعيش فيه الأديب لأن هناك علاقة تفاعلية بين الأديب ومجتمعه:

---

[1] راجع: عبده، سمير، مشكلات الإنسان في التحليل النفسي ، ط1، 1982، دار الآفاق ـ بيروت، ص 66.

[2] راجع: خمري، حسين، بنية الخطاب النقدي ، ط1، 1990، منشورات وزارة الثقافة، بغداد ـ العراق، ص 69.

«إن الأدب الأصيل في فنونه وألوانه ومعانيه وأفكاره هو الأدب الذي يصور حياة» ([1]).

تعالج الثقافة النفسية قضايا من واقع الحياة التي نعيشها في دائرتنا الخاصة والعامة، وهذه الثقافة تسعى إلى تفسير سلوك الإنسان بوصفه فردا، وبوصفه عضوا في الجماعات الإنسانية المختلفة.

عالج هذا الباب تأسيسا على ما تقدم، قضايا النص الإدبي بوصفه نتاج الفردية ومعاناتها الذاتية التي تنعكس بطبيعة الحال على النص الأدبي، ومن ثم عالجنا النص الأدبي باعتباره منفصلا عن صاحبه، وبالتالي تتم ملاحقة دلالاته بحسب المتلقي ومفاهيمه التي يأتي بها إلى النص أثناء عملية القراءة، وهكذا تتنوع الدلالات بحسب انتماءات القارئ الاجتماعية والثقافية، وهذا ما بحثناه في ظل التحليل النفسي/الاجتماعي للنص من خلال علاقة النص بالمجتمع الذي يتوجه إليه.

---

[1] راجع: عصفور، جابر، آفاق العصر ، ط1، 1997، دار المدى، دمشق، ص 141.

الباب الثالث

نصوص تطبيقية في التحليل النفسي

الفصل الأول: تحليل النص بحسب مدرسة فرويد

الفصل الثاني: تحليل النص على منهج التحليل النفسي الاجتماعي

الفصل الثالث: تحليل النص على أساس المدارس النفسية مجتمعة

مقدمة الباب

درسنا في البابين السابقين قضايا ومفردات التحليل النفسي الأدبي، وحللنا بناه التنظيمية وحددنا آليات عمله، وشرحنا غوامض مصطلحاته، ومن أجل اكتمال صورة التحليل النفسي الأدبي من جوانبها جميعها، اعتقدنا أن من المفيد تطبيق مناهج التحليل النفسي الأدبي على نصوص إبداعية عربية، لأننا وجدنا نقصا في التحليل النفسي لهذه النصوص بالمقارنة بالنصوص، الأدبية العالمية التي كانت قد أشبعت نقدا، وبحثا وتحليلا ([1]).

اختص هذا الباب بمعالجة بعض الأعمال الأدبية العربية معالجة استكشافية لإزالة الحجب عن المسكوت عنه، والبحث في اللاوعي الذي أنتج النص، أو في «لاوعي النص» إضافة إلى الكشف عن المستور، والوصول إلى الأصول التي أنتجت هذه الاعمال، وقد اعتمدنا في هذا الباب على مناهج التحليل النفسي الأدبي التي عالجناها في الباب الثاني، ومن هذه المدارس النفسية اعتمدنا على مدرسة فرويد (1856ـ1939) القائمة على عقدة أوديب مع بعض المدارس النفسية الأخرى.

لقد تم انتقاء الأعمال الأدبية العربية التي اختزنت في شؤونها، وشجونها، ومحور أحداثها مادة غنية صالحة للمعالجة النفسية التي نحن بصددها، وجاء تحديد هذه النصوص ضمن المعايير الآتية:

[1] راجع: عبده، سمير، التحليل النفسي لروائع الأدب العالمي ، ط1، 1986، دار النصر، بيروت ـ لبنان، ص 10.

أ ـ أن يكون مضمون النصوص صالحا للقراءة النفسية.

ب ـ التنوع في النصوص بحيث تكون النصوص لبنانية، وسورية، ومصرية، وفلسطينية...

ج ـ راعينا النصوص المتوافرة بسهولة في السوق الثقافية ليسهل الاطلاع عليها من قبل الجميع.

بدأنا الباب بالفصل الأول الذي عالج النص الأدبي مرتكزا على مدرسة فرويد، ومن ثم تلاه الفصل الثاني الذي عالجنا فيه النص الادبي العربي على أساس منهج المكبوتات الطفولية، واستندنا بشكل كبير إلى منهج يونغ، وأما الفصل الثالث فقد عالج النصوص بالاعتماد على مدارس نفسية متفرقة، ولا بد لنا من القول إننا لم نقم بوضع حدود فاصلة حادة ونهائية بين المناهج والفصول، وإنما تداخلت بعض خطوط المناهج مع الفصول بحسب ما اقتضته منهجية الدراسة.

الفصل الأول

تحليل النص بحسب مدرسة فرويد

مقدمة

ندون على صفحات هذا الفصل دراسات تحليلية نفسية لبعض الأعمال الأدبية اللبنانية على أساس منهجية فرويد، وقد وقع اختيارنا على النصوص التي رأينا أنها تختزن في مضمونها مادة صالحة أكثر من غيرها للتحليل النفسي، ولهذه الأسباب وضعنا على مشرحة التحليل رواية عبد المجيد زراقط «الهجرة في ليل الرحيل» الصادرة في طبعتها الأولى في العام 1996 عن حركة الريف الثقافية من دون مكان طبع، وتلتها رواية رامز حوراني «عشاق الأرض» الصادرة في طبعتها الأولى في العام 1995 عن سابا للطباعة والنشر، بيروت ـ لبنان.

أولا ـ تحليل رواية الهجرة في ليل الرحيل/لعبد المجيد زراقط

تعبر الرواية عن معاناة قرية من قرى الجنوب اللبناني في أثناء الاحتلال الإسرائيلي، وتعالج العلاقات الاجتماعية التي تغيرت بسبب الاحتلال وما جره على البلدة من تهجير أهلها، وتحكم العملاء في مصيرها، والتحالف الخفي بين الإقطاع والاحتلال، وتنتقل الرواية إلى ولادة إرادة التحدي من قبل بعض شبان القرية بقيادة أستاذ المدرسة، الذي قام بحملة من التحريض على مقاومة المحتلين والعملاء، كما كان أبوه يحرض على النضال في وجه الإقطاع الذي لا يقل خطره عن خطر الاحتلال ([1]).

ويتحدث السرد عن بدايات مقاومة الاحتلال والأبعاد اليسارية والقومية للمقاومة، كما يشير إلى البعد الإسلامي للمقاومة من خلال أذان الصباح، وصلاة الصبح من قبل المقاومين، وهذه إشارة إلى المقاومة الإسلامية التي كانت تشكل العصب الأساس للمقاومة الوطنية اللبنانية في وجه إسرائيل وعملائها ([2]).

يحدثنا السرد عن مجموعة من الشبان يكمنون في مغارة مجوفة، وينتظرون مرور دورية للمحتلين كي يمطروها بأسلحتهم، ومع بزوغ الفجر ينطلق هؤلاء إلى الوضوء ثم الصلاة قبل أن يبدأ عملهم الجهادي في وجه مغتصبي الأرض.

[1] عبد المجيد زراقط، الهجرة في ليل الرحيل ، الصادرة في طبعتها الأولى في العام 1996 عن حركة الريف الثقافية من دون مكان طبع، ص: 25

[2] لمعرفة المزيد عن دور التيار الإسلامي في مقاومته إسرائيل، راجع:

أ ـ فضل الله، حسن، حرب الإرادات ، ط1، دار الهادي، بيروت، ص 121ـ125.

ب ـ محسن، هاشم، المقاومة الوطنية اللبنانية ، م.س. ص 119ـ121.

ج ـ حسين، غازي، الاحتلال الإسرائيلي وشرعية المقاومة والعمليات الاستشهادية ، م.س. ص 139ـ147.

ترمز عملية الكمين في المغارة في التحليل النفسي إلى أن حبل الخلاص هو بالعودة إلى الأم = الأرض، وهذه العودة إلى رحم الأم = الأرض عبرت عنها الرواية في عملية كمين المقاومين داخل «جوف المغارة».

يرمز جوف المغارة إلى رحم الأم والعودة إلى الحياة الآمنة، والأرض هي رمز للأم التي تنبت الأبطال المقاومين للدفاع عنها وحماية عرضها وشرفها، كما تمثل الأرض = الأم الطيبة الحنون التي تعكف على أطفالها لتحميهم ([1])، وهذا «النكوص» بالعودة إلى الطفولة والارتماء في أحضان الأم (الأرض) يمنح الأمان والراحة النفسية والجسدية، ويكسب الفرد قدرة على مواصلة الحياة بشكل سوي، وقد أمنت الأرض «المغارة» برمزيتها «الأم الطيبة» الحماية للمقاومين، وهذه الحماية كانت السند الأبرز في نجاح عملهم في نضالهم ضد الاحتلال.

نجد الرموز الجنسية الواضحة في تعابير الرواية مثل «تمد الأفاعي رؤوسها، مواسير مدافعها.. وتتلوى في كل فوهة إبر تسيل منها لهب.. يعلو عواء، يتصل العواء. يعلو صراخ، أنين. نواح. تسد الأفاعي الجهات..».

يمثل هذا النص تصويرا واضحا لعملية جنسية متكاملة الأفاعي ومواسير المدافع تمثلان ـ بحسب التحليل الجنسي ـ رموزا للقضيب، والأرض التي تدخلها هذه المدافع هي رمز للمرأة، العويل والصراخ والنواح هي الأصوات التي تصدر عن الاغتصاب الجنسي.

تنسحب العلاقة بين الرجل والأنثى على العلاقة بين المحتل والأرض المحتلة، وتكون علاقة الرجل بالمرأة مثال العلاقة بينهما أي فتح وسيطرة من جانب، وقهر وغصب من جانب آخر.

إن العنف المتبادل بين المستعمر القاهر والمستعمر المقهور هو في جذوره

---

[1] راجع: نجم، خريستو، في النقد الأدبي والتحليل النفسي ، م.س. ص 44.

انسحاب لجدل القهر والاغتصاب الجنسي. بين مذكر ومؤنث، فاعل ومنفعل.. ونظرا لثقل وطأة هذا الإحساس الذي لا يطاق ذله: «وهذا الجرح الكبير ما دواؤه؟».

يعمل «قاسم» على رد الاعتبار إلى رجولته، بوصفه رمزا لكل أبناء هذه القرية المحتلة ويعمل على الشفاء من جرح الغزو. يقض هذا الجرح الدامي مضجع المستعمرين المسلوبة أرضهم، ويستمر الجرح في النزف ولا يكون له دواء سوى الثأر بالطريقة نفسها، ولذلك يلوذ «قاسم» بتاريخ أمته المجيد، هذا الماضي الحضاري الذي يمثل رجولة أبناء بلده وفحولتهم. وحينها ينتابه شعور مزهو بالرجولة استمده من القلعة التاريخية «دوبي» التي أصبحت قلعة دارسة:

«تلفت حواليه. لمس الحجارة وأضاف: حجارة هذه القلعة بقايا اصطفت تلك إلى جانبها. وعادت شمسنا تشرق. ـ أليست هذه قلعة «دوبي» التي بناها الصليبيون؟. ـ بل.. بنوها.. كبروا الحجارة وحصنوا... طالت إقامتهم ولم يبقوا. ـ وهذه آثارهم يغطيها العشب والأشواك ويظللها السنديان...» ([1]).

فمصير الغزاة الجدد سيكون كأسلافهم القدماء، فلم يعمر مستعمر في هذه الأرض، وبالتالي لن يعمر محتل مهما علا جبروته وكانت قوته، فحجارة القلعة تدل على رجولة أبناء هذه القرى الذين ردوا المعتدين، وحرروا بلادهم من أيدي الغزاة الصليبيين الذين كانوا أشد قوة وبأسا من جبروت الغزاة الجدد، وهذا دليل على رفض التسليم بالدونية المؤنثة، وطرد فكرة الخصاء، والعنة العسكرية لكن بعث الماضي الجهادي والعسكري لا يمكن أن يكون بحال من الأحوال كافيا، لأن تأثيره لا يتعدى ـ برأي جورج طرابيشي ـ تذكير الشيخ الطاعن في السن، بما كان له في غابر الأزمان من قدرة وقوة جنسية ([2]).

---

[1] راجع: زراقط، عبد المجيد، الهجرة في ليل الرحيل ، ص 27 ـ 131.

[2] راجع: طرابيشي، جورج، الروائي وبطله ، مقاربة اللاشعور في الرواية العربية، م.س. ص 14ـ15.

إن ما يحتاج إليه مقاومنا [قاسم عباس] هو المقدرة الحاضرة التي تمكنه من إثبات رجولته، وقدرته على الفعل من أجل أن يرد الاعتبار لنفسه كرجل فهو بأمس الحاجة لاستعادة هذه الرجولة في الحاضر، وخصوصا في نظر الطرف الفاعل (الغازي) في عملية الصراع بوصفها علاقة تحد وعنف، وحتى اغتصاب، وهو ما تكشف عنه الرواية بعد أن يصرخ قاسم: «.. لن يبقوا. ـ بقايا قلعة أسيادهم تشهد» ([1]).
تشهد قلعة أسيادهم على رجولة أجداده، ولكن أين رجولته هو؟
تبرز هذه الرجولة واضحة في النص التالي:
«انسحبنا وعدنا إلى المغارة... ارتميت منذ وصلت بين ذراعي أبي أمرغ رأسي في صدره، وأتمتم: شكرا لك يا رب» ([2]).
يعيد المقاوم اعتباره لنفسه، ويثبت هويته الرجولية من خلال العمل العسكري الذي قام به، ويرمز هذا العمل إلى عملية جنسية تؤكد فحولته، وهو يثبت هذه الرجولة في المجال العسكري المقاوم، وما دامت العلاقة بين المحتل والشعب الذي يقع تحت الاحتلال، هي علاقة مجنسة لأنها علاقة قائمة على القوة والتحدي، ولأن كل طرف من الطرفين الداخلين فيها يتصورها علاقة فعل وانفعال، وإيجاب وسلب لذلك فمن المحال أن تتسع لمذكرين، والمنطق يقضي بأنه يكفي أن يثبت أحد الطرفين أنه هو المذكر حتى يكون قد أقام البرهان على أنوثة الطرف الآخر ([3])، وبما أن الصراع القائم بين اسرائيل والعالم العربي يختزن في تاريخه كله دخول الجيش الإسرائيلي إلى الأراضي العربية واحتلالها، وبذلك استطاعت إسرائيل أن تثبت دائما أنها هي المذكر وأن العربي هو

---

[1] راجع: زراقط، عبد المجيد، الهجرة في ليل الرحيل ، م.س، ص 129.
[2] م.ن، ص 135.
[3] راجع: طرابيشي، جورج، شرق وغرب ، رجولة وأنوثة، م.س. ص 15.

المؤنث، ودخلت هذه المفاهيم في اللاوعي العربي وظهرت أعراض هذه العقدة في زلات لسان أدبياتنا اللغوية، ومنها المصطلحات التي ترد دائما كاغتصاب فلسطين، وذكرى اغتصاب الأرض المحتلة... وليس خافيا ما تدل عليه كلمة اغتصاب وعلاقتها بالفعل الجنسي بين الرجل والمرأة.

أدت الصدمات العسكرية المؤلمة التي تعرض لها الإنسان العربي منذ 1948، مرورا بحرب 1967، وحرب 1982، إلى تثبيت عقدة الخصاء العسكري في اللاوعي لديه، وقد ظهرت هذه العقدة في النص الذي نعالجه متسترة في التكثيف والترميز والانزياح و... إلخ.

إن إحساس المناضل العربي بعقدة الخصاء العسكري أمام عدوه «إسرائيل»، وجد تنفيسا له في حلم اليقظة المتمثل بالنص الذي يؤكد على رجولة المناضل العربي، ويتضح لنا ذلك إذا قمنا بتفكيك الترميز والتلميح والانزياحات التي تمثل آليات الدفاع التي تناضل من خلاله العقد النفسية كي لا تظهر إلى العلن وتبقى كامنة في اللاشعور.

يمثل الاحتلال تعبيرا عن إثبات رجولة المحتل، وأنوثة الشعب الذي احتلت أراضيه، وفي المقابل فإن الغرض من كل موقف دفاعي في مواجهة المحتل هو تعبير عن رد تهمة الأنوثة، أي إنه لا يكفي إثبات بطلان التهمة، بل لا بد أيضا من ردها إلى نحر صاحبها عن طريق القيام بالعمل العسكري، الذي يقلب الاوضاع ويمكن المتهم بالخصاء، من إثبات رجولته التي لا تتم إلا بإثبات أنوثة العدو، وهذا يتطلب التحول من الموقف الدفاعي إلى الموقف الهجومي ( )، وهذا ما حاول إثباته «قاسم»، بطل النص عندما استبدل موقفه الدفاعي بالتحريض على الاحتلال ورفضه، والقيام بهجوم عسكري استهدف به قوات الاحتلال، ويذهب بعد تنفيذ هجومه إلى أبيه ليرتمي بين ذراعيه، ويمرغ [1]

---

[1] طرابيشي، جورج، شرق وغرب ، رجولة وأنوثة، م.س، ص15.

رأسه في صدره، وهو يريد بذلك انتزاع اعتراف والده به كرجل في عملية التماهي مع الرجولة التي تأتي بعد صراع مرير وإخفاقات كثيرة ([1])، ولكن قاسم ينجح في نهاية المطاف في التأسيس الكريم لاستعادة هويته الرجولية، وهذا ما عبرت عنه التمتمة بشكر اللـه.

ثانيا ـ تحليل رواية عشاق الأرض لرامز حوراني

تعتبر «عشاق الأرض» مرآة لشخصية بطلها «صابر» الذي عبر خير تعبير عن «النرجسية الطفولية» ([2])، هذه النرجسية الذي برزت في النص من خلال تضخيم الأشياء، وإضفاء المثالية عليها انسجاما مع عالم الطفولة الأولى المتسم بالمغالاة، التي تميل ميلا إلى الدوام، وهذا ما يجعلنا نعتقد أن أحداث النص نشأت من مخزون اللاوعي الطفولي عند «صابر» الذي يرى الحياة مثالية مطلقة، ويتصور أن الوجود كله وجد لخدمته وتنفيذ رغباته، وهو محور الأحداث والرجل المطاع على الدوام في الرواية ([3]).

أ ـ نرجسية «صابر» من خلال علاقاته الغرامية

تزدحم الرواية بالكثير من الأمثلة الدالة على تضخيم شخصية «صابر»، فهو شخصية مميزة عند كل من يعرفه، أو يلتقيه حتى يصعب أن تجد من لم يسمع به، وببطولاته، وتستمر عملية تمجيد الذات حتى في عمله المقاوم، وهو بعمله المقاوم لا يقوم إلا بالعمليات النوعية إضافة إلى اهتمامه بقضايا الناس، ومشاكلهم، ومساعدتهم على حلها لدرجة أنهم لايستطيعون حلها إلا من خلاله،

---

[1] راجع: فضل اللـه، إبراهيم، المقاومة في الرواية العربية ، دراسة تحليلية لقضايا السرد العربي خلال القرن العشرين، ط1، 2009، دار الهادي، بيروت ـ لبنان، ص 119ـ 120.

[2] روبير، مارت، رواية الأصول وأصول الرواية ، م.س، ص 93.

[3] راجع، حوراني، رامز، عشاق الأرض ، ط1، 1995، سابا للطباعة والنشر، بيروت ـ لبنان. ص 115.

وهو أيضا نموذج الإنسان العالم، المثقف، الخبير بمختلف أنواع العلوم، والنظريات الفلسفية، والفكرية والثقافية...الخ ([1]). تتضح شخصية «صابر» النرجسية من خلال تمجيده لذاته، ويبرز هذا التمجيد في علاقاته المتنوعة، والمتشعبة مع النساء، فهو رجل لا يخرج من قصة حب إلا ليدخل غيرها، وكل امرأة التقاها عشقته، وتعلقت به، وأحبته حبا جنونيا، ويبدأ حبه باكرا، فهو عشق «ندم» في المرحلة المتوسطة من تعليمه، إلا أن «ندم» رضخت لأهلها وتزوجت بابن عمها «حسام»، وسافرت معه إلى أفريقيا، ومع البعد الجغرافي، والبعد الزمني اللذين يفصلان بينهما، ومع أن «ندم» كانت قد تزوجت، وأنجبت ثلاثة أولاد إلا أنها تبقى في حنين إليه، فاسمه لا يفارق شفتيها، وهي دائما تسأل عنه، وتتابع أخباره لكنه ينساها، وينتقل إلى حب «قبل» المومس التي يتعرف إليها في خمارة، وتتعلق «قبل» بـ«صابر» تعلقا جنونيا، ويصبح وسيلتها الوحيدة للخروج من الرذيلة إلى الطهارة، فهو في نظرها إنسان لا يوجد في الشرق مثله، لأنه يغفر لمن ساقها ضعفها إلى أقصى درجات الخطيئة، ومنه عرفت معنى الشرف، وبعد محاضرة طويلة في معنى الطهر، والعفاف، والخطيئة والعلاقة بين الرجل والمرأة في الشرق يقرر «صابر» أن يتزوج «قبل» مهما كانت ردة فعل أهله وأصحابه، وبزواجه بأرملة النقيب «خالد» الذي استشهد في حرب حزيران دفاعا عن سيناء، تتكامل المقاومة العربية بين لبنان ومصر، فالحرب واحدة ضد العدو الواحد، وبهذا الزواج يولد المارد العربي الشامخ من جديد ويقضي العروسان ليلة زفافهما على ضوء الشموع، ويقرران في الصباح الذهاب إلى الجنوب للاطمئنان إلى والده ووالدته، وفي الطريق تقصف الطائرات الإسرائيلية «ميتم أبناء الشهداء»، ويطلب «صابر» من السائق أن يتوقف كي يساعد في عمليات الإنقاذ، وتصر «قبل» على الذهاب معه للمساعدة، وعندما يصل العروسان إلى أنقاض

---

[1] طرابيشي، جورج، شرق وغرب ، رجولة وأنوثة، م.س.،ص 124ـ127.

الميتم تنفجر قنبلة مؤقتة تصيبهما إصابات بالغة، وبعد عناء مع الإصابة تفارق الحياة ([1]).
يتابع صابر حياته العادية، ويعود إلى التدريس، ويلتقي مدرسة من منطقة الكورة، وتتعلق به لأنها إنسانة تافهة أمامه، وأصبحت ترى الوجود من خلاله، وهي بدونه كتاب بلا كلمات، وعمر بلا حياة.
يفشل الحب الكبير بين «صابر» و«كاترين»، ولم يكن هذا الفشل بسبب اختلاف الدين فقط، وإنما بسبب مرض عضال ألم بوالد الحبيبة، وهذا الوالد يرفض بشكل مطلق تزويج ابنته من مسلم، وفي المقابل لا يتمسك «صابر» بحبيبته بل يتنازل عنها لأنه لا يريد أن يعرض والدها لانفعال شديد يزعجه، لأن هذا الوالد ليس شابا عصريا مثل «صابر»! ([2]).
ترفض «كاترين» الزواج من أي شخص آخر غير «صابر» لأنها لا تستطيع أن تعطي جسدها لمن لا يملك قلبها، وهو الوحيد الذي ملأ هذا القلب وإلى الأبد، وهي لا يمكن أن تنساه أبدا، ولذلك يجب أن تقاوم هذا الحب، وبالتالي تستبدل ارتباط الحب معه برباط المقاومة، فتنتسب إلى الرهبنة لتعمل راهبة في الجنوب كي يتحلل جسدها في تراب الجنوب من أجل حبيبها «صابر». يقابل «صابر» هذا الحب الكبير بنسيان «كاترين» والانتقال إلى حب آخر فيلتقي «ناهد» التي كانت صديقة حبيبته القديمة «ندم»، وهي تحبه منذ أيام الدراسة إلى درجة أنها كانت تحسد صديقتها عليه: «لا أخفي عليك أنني كنت أحسد «ندم» عليك، عندما كنا في المدرسة معا». وتتعلق «ناهد» بـ «صابر» كسابقاتها من النساء، وهي المرأة الثرية المتزوجة، وتجد نفسها لأول مرة أنها أمام رجل يشعر بأنوثة المرأة، ويقدر أحاسيسها ومشاعرها، ويمثل «صابر» لـ «ناهد» شعلة

---

[1] طرابيشي، جورج، شرق وغرب ، رجولة وأنوثة، م.س، ص 88.
[2] م.ن، ص 140.

الأمل، ومطرا من التفاؤل يبلل وجنتها، وكيانها، وهي متلهفة لترمي جسدها بين ذراعيه، حتى تشعر بدفء الرجل الذي يفهم المرأة كما يفهم الأرض، كما يفهم المقاومة، كما يفهم النبل والشهامة، وتنتهي قصة الحب هذه بـ«ناهد» وهي تسبح في دمائها على سريرها، والبسمة على محياها، ويتبين أن عائلة «ناهد» قتلتها باسم المحافظة على سمعتها! ([1]).
يدفن «صابر» جثمان «ناهد» في مقبرة الشهداء، ويعود إلى مقاومته عنيدا في مواجهة العدو مصمما على دحر الاحتلال الصهيوني، ويتعرف على فتاة جديدة، ويدخل قصة حب مع «حياة» التي تتعلق به، وتخبره أنها كانت على علاقة مع شاب حزبي أسكرها، ونال مبتغاه منها، ولأنها صارحته، ولم تغشه يغفر لها غلطتها خصوصا، وأنها قبلت أن تكون مخدوعة، ولم تقبل أن تكون خادعة، وتجد «حياة» في «صابر» مثلها الأعلى : «إنك أصيل إنني أراك نهرا من الحب والنبل، نهرا من الوعي! فأنت تجمع أوصال البشر، أوصال الوطن، أوصال النفوس المحطمة بقلبك الكبير» ([2])، وبسبب الحب الكبير يتزوجان، ويمكث معها مدة أسبوع واحد ثم يذهب في عملية نوعية ضد الاحتلال، ويستشهد في أرض المعركة، وبعد أشهر أنجبت «حياة» «وطن» ([3])
ب ـ دور تنوع وجوه المرأة في حياة صابر
نضع هذا السرد على أريكة التحليل النفسي، وكي نتمكن من تفكيك بنيته النفسية نطرح على النص الأسئلة الآتية:
1 ـ تعددت الوجوه النسائية في حياة صابر، فما هو تفسير ذلك؟
2 ـ هل هذه الوجوه المتنوعة تختزن وجها واحدا تعلق به منذ طفولته وبقيت صورته راسخة في لاوعيه؟

---

[1] طرابيشي، جورج، شرق وغرب ، رجولة وأنوثة، م.س، ص 176ـ177.
[2] م.ن، ص197.
[3] م.ن، ص 198.

3 ـ هل تعدد العشيقات في النص يرمز إلى قضية الوطن والأرض والمقاومة؟

4 ـ ما هي حقيقة دور المرأة في حياته؟

نلاحظ من خلال الرواية أن علاقة «صابر» مع المرأة هي علاقة مضطربة ومشوشة!...

فهل كان يبحث عن شيء افتقده في المرأة؟

أم هل كان يبحث في اللاشعور أو اللاوعي عن الشيء الذي عرفه في المرأة وهو وجه الأم؟

وهل عثر على هذه الصورة؟

أم فشل في علاقته مع الأم؟

وهل أسقط عدوانيته عليها وجعلها هي الأم الخاصية ([1]) بدل الأب؟

جـ ـ البحث عن الوالدين الحقيقيين

يتبين لنا في استقصاء العلاقات النسائية أن هناك قضايا مشتركة أبرزها:

1 ـ جميع النساء اللواتي عرفهن كن على علاقة جنسية مع رجل قبله، إما بالزواج وإما بعلاقات عابرة.

2 ـ أغلب النساء لقين المصير نفسه، وهو الفراق وعدم نجاح العلاقة، وكان الفراق يتم إما بالموت، وإما بعدم الزواج به والزواج بغيره:

الحبيبة الأولى: ندم = تتزوج ابن عمها.

الحبيبة الثانية: قبل = تموت بقنبلة موقوتة في صباح اليوم الثاني للزواج.

الحبيبة الثالثة: كاترين = يرفض أهلها تزويجها إياه.

الحبيبة الرابعة: ناهد = يقتلها أبوها حفاظا على شرف العائلة.

الحبيبة الخامسة: حياة = يموت «صابر» بعد أسبوع من الزواج.

ونلاحظ في علاقة صابر بالمرأة، أن «أمه» لا تمر في الرواية إلا في بعض

---

[1] راجع: نجم، خريستو، في النقد الأدبي والتحليل النفسي ، م.س. ص 20ـ21.

أسطر ليعلن لنا موتها، ولم نجد تأثيرا كبيرا لهذا الموت فيه لأنه كان يرقد في غيبوبة في المستشفى ليلة وفاة أمه ودفنها، واستفاق في صباح اليوم التالي، وعندما خرج من المستشفى علم بوفاتها، ويلاحظ في مسيرة صابر مع أمه وأبيه أنهما ماتا من دون أن يستطيع تشييعهما، فأبوه مات عندما كان يزوره في المستشفى، ودفن ولم يشارك في دفنه كذلك أمه ماتت، ولم يشارك في دفنها، وهذا الأمر نفسه ينطبق على «قبل» زوجته الأولى التي ماتت ودفنت من دون أن يشارك في تشييعها.

نجد في استعراضنا للمناهج النفسية، أن نظرية مارت روبير هي أفضل ما يمكن تطبيقه على رواية «عشاق الأرض»، فهذه الرواية هي خير مثال على «الرواية الأسرية».

عبر السرد عن لاوعي البطل في علاقته بوالديه، فهو في البداية «الطفولية» يرى في أبويه سلطة مطلقة، وقدرة فوق العالم الإنساني تؤمن له رغباته وتجعله «الطفل الإله المطاع»، ومع مرور الزمن، وقدوم طفل آخر، أو أكثر إلى الأسرة تبدأ العناية به تتناقص، ويشعر أن حب والديه أخذ بالتراخي، فلم يعد المحبوب الوحيد أو الإله الصغير، وعندها ينتابه شعور بأنه وقع ضحية خديعة أو خيانة حقيقية، ويمتلكه إحساس عميق، بأن أبويه أصبحا غير معروفين لديه، فهما غريبان عنه، ويستنتج من ذلك أنهما ليسا أبويه الحقيقيين، ولا يجمعه جامع معهما سوى أنهما استقبلاه وقاما بتربيته، وهكذا يعيش الطفل عاطفة الغربة مع والديه، ويقتنع بينه وبين نفسه أنه «طفل لقيط» أو متبنى، ولا بد أن تظهر في يوم من الأيام أسرته الحقيقية، وبذلك يبعد أبويه لكي يعبر عن رغبته في أن يبتعد عنهما، وأن يقطع على هذا النحو الرابط العقلاني الواقعي الذي يرفضه ليعود إلى «الأبوين الخياليين ومعبوديه القديمين»، وبما أنه يعلم أن هذين المعبودين هما «قصة أسطورية» فإنه يقوم بعملية «إسقاط نفسي» على معبودين جديدين ([1])، وهذان المعبودان هما في السرد:

---

[1] راجع: روبير، مارت، رواية الأصول وأصول الرواية ، م.س. ص 93ـ95.

الأم = الأرض/المقاومة.
الأب = الفكر والعقيدة والهيبة والعنفوان.
تدل الرواية بوضوح على «الغربة» التي يعيشها «صابر» مع والديه، فهو يعيش في بيروت «حي الكرامة» ووالداه يعيشان في صور، وتبرز أمامنا الأسئلة الآتية:
لماذا لم تسكن الأسرة في منزل واحد؟
ما هو السبب الحقيقي لعدم مبالاة أو عدم الإحساس بعاطفة البنوة تجاه فقدان الأبوين؟
نبحث في النص عن أجوبة لهذه الأسئلة، ونجد أن الوالد يموت في الوقت الذي يمارس فيه الابن حياته، وكأن شيئا لم يكن، ويحصل الأمر ذاته في قضية موت الأم... إن إبعاد «صابر» لوالديه بموتهما، وحتى بعدم المشاركة في دفنهما، أو إقامة ذكرى لوفاتهما، أو الذهاب إلى قبرهما لوداعهما، إن كل هذه الأمور التي لم تحصل منه تدل على رغبة لاشعورية كافية للتخلص من أبويه، وهذه الرغبة ناتجة عن عقدة «الطفل اللقيط» الذي عليه أن يفتش عن أسرته الحقيقية، وهو يفعل ذلك من خلال إسقاط وجه أمه على الأرض/الوطن/المقاومة، وتتضح لنا شخصيته عندما نعلم أن كل النساء اللواتي تعرف إليهن وأحبهن هن وجه من وجوه الأم = الوطن، والدليل على ذلك سيرته مع النساء، فهو في البداية أحب «ندم»، وهي البنت القروية البسيطة التي نشأ معها وترعرع شابا برفقتها، فـ «ندم» هي صورة الأم = الأرض، وهي هنا رمز لقريته التي نشأ فيها وأحبها، وهي أكرهت على الزواج من ابن عمها «حسام»، وسلخت منه غصبا. إن هذا الأمر يتطابق مع ما حصل له مع قريته فقد وقعت تحت الاحتلال، وهجر منها، وأجبر على الابتعاد عنها ([1]).
وتكون ندم الحبيبة= القرية الحبيبة.
المرأة الثانية بعد «ندم» «قبل»، وهي رمز الأم = الأرض العربية الوطن

[1] راجع: حوراني، رامز، عشاق الأرض ، م.س. ص 4-13.

القومي العربي، فـ «قبل» فتاة مصرية استشهد زوجها في حرب «أكتوبر 1973»، وجاءت إلى لبنان لتمتهن عملها كـ «مومس»، لقد تركت هذه الأم/الأمة العربية لتواجه مصيرها في درب الرذيلة تتقاذفها أيدي الغرباء، وكأن النص يريد القول: إن الأمة العربية عندما كانت تبني الفكر القومي مع عبد الناصر كانت تعيش أيام شرفها، وعزها وكرامتها، وعندما تركت هذا الفكر، وتخلت عن مقاومة إسرائيل بعد حرب 1973، انزلقت إلى بيع شرفها في أسواق الدعارة، وإذا أرادت أن تعود إلى شرفها وعفافها السابقين فما عليها إلا العودة إلى تبني الفكر القومي الذي يصون عزتها وكرامتها، فلا حل لهذه الأرض العربية (الأمة) إذا أرادت أن ترفع المهانة والذل عنها، إلا بعودتها إلى فكرها القومي، وهذا ما يرمز إليه زواج «قبل» من «صابر» ([1]).

يمثل هذا الزواج الارتباط الوثيق بين عزة الأرض، وشرفها، والفكر المقاوم أي إن التزام الفكر القومي المقاوم هو الذي يؤمن للأمة العربية شرفها، وعفتها، وقد مثل زواج «قبل» من عضو الحزب السوري القومي الاجتماعي حبل الخلاص لها، والممر الذي نقلها من الرذيلة إلى الشرف والعفة، وهذا هو السبيل السليم الذي على الأمة العربية أن تسلكه إذا أرادت أن ترفع من شأنها بين الأمم.

إن تبني المقاومة هو الحل الوحيد لعزة الأمة وشرفها.

وتمثل الحبيبة الثالثة «كاترين» الأم الوطن = لبنان أي القطرية، فالمفهوم القومي يحدد الوطن الأم، وهو الأرض العربية، والقطر هو أرض الدولة المفروضة بالأمر الواقع ([2])، وترمز«كاترين» إلى لبنان كما انها ترمز إلى التنوع

---

[1] عشاق الأرض ، م.س. ص 146.

[2] ينتمي مؤلف النص إلى الحزب السوري القومي الاجتماعي، وبغض النظر عن الاختلافات الناشبة بين القوميين حول مفهوم الوطن الذي يعتبره البعض «سورية الكبرى أو سورية الطبيعية» الذي يقول به القوميون السوريون، وبين الوطن العربي من المحيط إلى الخليج الذي يقول به باقي التيارات القومية.
راجع: حوراني، ألبرت، عصر النهضة ، م.س. ص 351ـ354.

الديني باعتبارها من الطائفة المسيحية، وتختم حياتها بالرهبنة التي هي وجه من وجوه المقاومة.
تتنوع الوجوه النسائية في حياة «صابر»، وجميعها تدل على تنوع نظرته إلى الأم، فـ «ناهد» رمز للأم/الأمة الصغيرة، مجتمع القرية التي ولد فيها صابر، وترمز «حياة» إلى الأرض التي تمنح الحياة أي الوطن بما هو حماية، وأمن، واستقرار، وبما هو مساحة حرية وعز.
إن «حياة» هي الوطن العزيز الذي يفتخر أبناؤه به.
وبما أن الحياة هي وقفة عز فقط، فإن «صابر» يستشهد في سبيل هذا الوطن الذي تنجبه «حياة»، وهو المستقبل العزيز لأبناء لبنان والعروبة. فالمقاومة والاستشهاد هما الأمران الأساسيان في حماية الأوطان، وهذا ما تحاول الرواية قوله في نهايتها.

د ـ صابر والرواية الأسرية

تتجلى صورة «صابر» بشكل يبدو فيه كقوة مطلقة. فكل شيء خاضع لإرادته، وهو يساعد كل من يحتاج إلى مساعدة، ولا يصعب أمر عليه، فهو يحل المشكلة المعقدة في وزارة الإسكان للمواطن «أمين» ويأخذه إلى «وزير الإسكان»، وفي جلسة واحدة يعتذر خلالها الوزير عن تقصير موظفي الوزارة، ويصل الأمر به إلى طرد «سكرتيره الخاص» مع العلم أنه لم يكن للوزير أية علاقة بـ «صابر»، ولا يعرفه قبل هذه الزيارة أبدا، ويستمر السرد الروائي في تضخيم شخصية «صابر»، فهو عندما كان في المستشفى يعالج من إصابة إثر عملية للمقاومة يسمع صوتا يصرخ في المستشفى، فيطلب من المسؤولين إدخال صاحب الصوت إلى غرفته، ويتبين لنا أنه تاجر يستورد مواد غذائية، وقد صودرت بضاعته، ويطلب الحل من «صابر» الذي يسارع إلى إرسال أخيه «عامر» ـ الذي وصل توا من «الأرجنتين» ـ لاستيضاح الأمر، ويتبين لـ «عامر» أن التاجر استورد مواد غذائية مسممة، وتنتهي القضية بإعدام التاجر وشقيقه من قبل رجال صابر .

يتضح لنا أن أحداث الرواية وشخصياتها ما وجدت إلا لخدمة «صابر»، فالمسؤولون في المستشفى لا يرفضون له طلبا، ويكفي أن يطلب من الموظفة أن تدخل التاجر إلى غرفته حتى تسارع إلى تنفيذ الأمر، وهو لا يتكلم إلا مع المسؤولين الكبار!.

فالمستشفى بإدارته وكبار موظفيه وأطبائه في خدمته، والدكتور «نبيل» الذي يعالجه ما هو إلا أحد تلاميذه المتأثر كثيرا بأستاذه، وهو إلى الآن يردد القصائد التي شرحها أستاذه منذ الرابع ابتدائي إلى أن أصبح دكتورا، ويتحدث عن أستاذه: «كنت مثال الأستاذ الغيور على غرس الوطنية الواعية في عقولنا، لقد زرعت الحب في نفوسنا، وأرجو أن تعتبرني الآن تلميذا وفيا يحاول أن يرد إليك جزءا يسيرا مما أعطيته».

خاتمة الفصل

وضعنا في هذا الفصل على أريكة التحليل النفسي نصين، واستخدمنا تقنية التحليل النفسي للأدب، وانتقينا منها اللاشعور الذي ينظر إلى العمل الفني كما ينظر إلى الحلم، والحلم هو من نتاج اللاشعور، وإذا كان العمل الأدبي ينتج من خزان اللاشعور عند الفنان، فإنه يختلف عن الحلم باعتباره لاشعورا أعيد شغله، وضبطه، وبنينته بمعنى آخر هو «لا شعور مسيطر عليه ومتحكم به ومعاد تقنيته تحت آمر الجمالية» ([1]).

تتبعنا في النص الأول العقد النفسية الكامنة في اللاشعور، وتوصلنا إلى اكتشاف ما أطلقنا عليه "عقدة الخصاء العسكري" التي وجدناها في لاوعي بطل النص (الأستاذ قاسم)، وقمنا بتفكيك الإزاحة، والترميز، والتكثيف، وكل ميكانزمات الدفاع والمقاومة المستخدمة من قبل اللاوعي بعدما اعتبرنا ان النص هو بمثابة حلم يقظة يحلمه المؤلف.

استخرجنا من النص الثاني أحلام "الطفالية الأولى" التي قالت بها مدرسة "الرواية الأسرية".

ورااينا أن بطل النص (صابر) يعيش حلم الطفالية الأولى، بحسب منهجية الرواية الأسرية، ووجدنا كيف عاش صابر في أحلام الطفولة، هذه الأحلام التي ضخمت صورته، وثبتت صابر على حلم الطفل المدلل والأمير المطاع الذي لا ترد طلباته.

[1] راجع: طرابيشي، جورج، الروائي وبطله مقاربة اللاشعور في الرواية العربية ، ط1، 1995، دار الآداب، بيروت، م.س. ص 9.

الفصل الثاني

تحليل النص على منهج التحليل النفسي الاجتماعي

مقدمة

ننتقل من تحليل النص العربي على اساس اللاشعور الفردي إلى تحليل النص على اساس نفسي/اجتماعي، ومن الطبيعي أن الاجتماعي يرتبط باللاشعور الجمعي، وبالتالي فإننا لم نتقيد بالمنهج تقييدا لافكاك منه، وإنما خرجنا منه إلى بعض المناهج النفسية التي وجدنا لها إشارات داخل النص.

لقد اخترنا لأريكة التحليل النفسي الاجتماعي للأدب، إحدى روايات الأديب السوري حنا مينه، وهذه الرواية هي رواية «حارة الشحادين»، الصادرة في طبعتها الأولى في العام 2000 عن دار الآداب، بيروت ـ لبنان، ونحاول في هذا الفصل أن نتعرف إلى الدوافع اللاشعورية التي تحكمت في إنتاج هذا النص؟

أولا ـ التحليل النفسي لرواية حارة الشحادين

تعكس رواية "حارة الشحادين" قضايا الصراع الأزلي والأبدي بين الإنسان الضعيف، وما يحيط به من مخاطر أقوى منه سواء أكانت طبيعية، أم كانت اجتماعية تعبر عن نفسها بنمط العلاقات الاجتماعية القائمة على الصراع بين القوي والضعيف، ويتمثل القوي في النص بالأب، وبالدولة المنتدبة، وبالجيش المستعمر، وبالقائد العسكري الفرنسي، وبالمأمور...الخ، ويتمثل الضعيف بالابن، وبأهل الحارة المحكومين من الجيش الفرنسي، وبالدولة السورية الواقعة تحت الانتداب، وبحمداش المطالب بحقوق الفقراء...الخ، ونلاحظ أن هذه الصراعات كلها لاتتجاوز الأنماط الأولية التي قال بها يونغ، ويبرز امامنا اللاشعور الجمعي الذي يتحكم في الإنسان المظلوم الذي يصارع في حياته من أجل رفع الغبن اللاحق به.

يبدأ النص بخروج بطله (حمداش) من السجن بعد أن قضى فيه خمس سنوات بسبب محاولته قتل الضابط الفرنسي، ويتبين لنا فيما بعد أنه لم يكن له علاقة بمحاولة الاغتيال هذه، ويخرج من السجن ليجد في استقباله تظاهرة من أهل "حارة الشحادين"، وتندلع في التظاهرة الرقصات، وتقرع الطبول، وتعلو أصوات الزمامير، وأول من يلتقيه من أهل الحارة «شكوس العاقلة» التي يختلي بها ليخططا معا للمرحلة التي تلي خروجه، ويلفتنا في الرواية اسم بطلها «حمداش الكاسر» ([1]).

ونجد في التحليل النفسي أن الخروج من السجن يرمز إلى الخروج من رحم الأم، وإذا اعتبرنا أن حمداش دخل السجن بجريمة لم يكن له يد فيها،

[1] الكاسر: العقاب، يقال «عقاب كاسر» أي منقض بكسر جناحيه، أو يكسر ما يصيده كسرا (*).

(*) راجع: ابن منظور، لسان العرب ، م.س. مادة (ك، س، ر).

فإن هذه الجريمة التي لم يرتكبها، ودخل السجن بسببها تماثل من حيث الرمز عملية التكوين التي لا علاقة له بها، فهو تكون جنينا داخل رحم أمه من دون إرادة منه، أو اختيار، وخروجه من السجن يمثل ولادته على صفحات السرد، وهذه الولادة شبيهة إلى حد ما بالولادة الطبيعية، وتقام الاحتفالات استبشارا بقدوم المولود الجديد، وانعكست هذه الولادة والاحتفالات بمولد طفل جديد على النص من خلال ذلك الاستقبال الذي حظي به (حمداش) أثناء خروجه من السجن، وهكذا ولد على صفحات السرد "حمداش الكاسر" هذا العقاب الذي ينقض على فريسته ليكسرها كسرا، فالكاسر ما هو إلا رمز للقوة والشجاعة، والرجولة وهذه الصفات جميعها ستتجمع في شخص واحد، وستكشف الرواية عنها شيئا فشيئا عندما يدخل بطلها في صراع مع القوات المنتدبة عبر ممثليها الكابتن روجيه، ومأمور السجن، وعملائهما، ويتخلل هذا الصراع القوة، والقسوة، والعنف، وتكون العلاقة بين حمداش ممثل حارة الشحادين والجيش الفرنسي ممثل حكومة الانتداب، علاقة قائمة على السيطرة والخضوع والمضطهد والمضطهد، ويصارع حمداش من أجل رفع نير الظلم اللاحق بالحارة التي تتسبب به قوات الانتداب ([1]).

تكون علاقة الحارة بفرنسا في جانب من جوانبها في التحليل النفسي علاقة الرجل بالأنثى، فالمسيطر (فرنسا) هو الرجل والمسيطر عليه والمضطهد (حارة الشحادين) هو المرأة.

وإذا كانت صورة الأب المخيف الجبار المفرط الرجولة «هرقلي القوة»، هي التي تسيطر على ذهن «حنا مينه»، فإن تلك الصورة تؤدي إلى جعل بعض رواياته «روايات التعملق الأبوي».

[1] راجع، مينه، حنا، حارة الشحادين ، ط1، 2000، دار الآداب، بيروت ـ لبنان، ص:65.

ونجد عند تطبيقنا هذه القاعدة أن رواية «حارة الشحادين» تمثل رمزا من رموز العلاقة بين الأب وابنه ([1]).

فالتعملق الأبوي والقوة المفرطة، كل هذه الصفات قد تحولت في الرواية إلى دولة فرنسا في عظمتها، وقدرتها، وجبروتها فهي رمز للأب، أما حارة الشحادين فهي رمز المرأة الأم، وحمداش هو الابن لهذه الحارة/الأم.

ونستطيع أن نرسم الصورة الحقيقية لهذه «التمثلات» بعد إزاحة الرقابة الفنية عن اللاشعور عند الكاتب.

فتصبح كما يلي:

سلطة الانتداب = القوة التي تسيطر على الحارة = الرجل القوي القادر، الأب المسيطر على العائلة.

حارة الشحادين = الخضوع لسلطة المحتل = المرأة الخاضعة المستسلمة للأب.

حمداش الكاسر = ابن حارة الشحادين يقع تحت (سلطة الانتداب) الأبناء.

شكوس العاقلة = ابنة حارة الشحادين = تقع تحت (سلطة الانتداب) أخ + أخت.

ويقوم حمداش بمحاولات متكررة من اجل التخلص من سلطة الانتداب، ولكنها تبوء بالفشل جميعها ([2]).

يشبه هذا التمرد إلى حد بعيد تمرد الطفل على أبيه في محاولته لتقمص دور الأب إلا أن هذا التقمص يفشل، وهذا الفشل في التماهي مع الأب هو

---

[1] راجع: طرابيشي، جورج، شرق وغرب ، رجولة وأنوثة، م.س. ص 6.

[2] سجن بسبب محاولة اغتيال روجيه ولم يكن هو من حاول قتله، وبعد خروجه من السجن يخطط كثيرا لقتل روجيه إلا أن (غنوج الزرقا) تسبقه إلى التنفيذ... إلخ. كل هذه الأمور تدل على أن حمداش يحاول تقمص السلطة وأنه زعيم الحارة المدافع عنها، وهذه دلالات نفسية لاحتلال مركز الأب. راجع مينه، حنا، حارة الشحادين ، م.س. ص 327.

تدريب على حرية الهوية، والواقع أننا نرى تعدد الدلائل في «حارة الشحادين» على أن تماهيات حمداش هي من باب التأسيس الكريم للهوية، وهذا ما نجده في القسم الثاني من الرواية «صراع امرأتين» عندما يخوض حمداش صراعا مع رجل الفرنسيين في اللاذقية، وينتهي الصراع بفوز حمداش في منازلته للرقيب «أبو جاسم» بحيث يلقن عميل الفرنسيين درسا قاسيا في معركة يخوضها بالخيزرانة ([1])، ولا نحتاج إلى التذكير بأن الخيزرانة هي رمز جنسي صارخ تدل صراحة على هوية حمداش الرجولية وتثبيت زعامته على الحارة ([2]).

ثانيا ـ تحليل نصوص فلسطينية

وقع اختيارنا على روايتين من الروايات الفلسطينية لنضعهما في ميزان التحليل النفسي، وهما: رواية غسان كنفاني رجال في الشمس، واعتمدنا على الطبعة الثانية الصادرة في العام 1980، عن مؤسسة الأبحاث العربية، بيروت ـ لبنان، كما اخترنا رواية رشاد أبو شاور العشاق، واعتمدنا على الطبعة الأولى الصادرة في العام 1977 عن منظمة التحرير الفلسطينية، دائرة الإعلام والثقافة.

لقد كان السبب الأبرز وراء اختيارنا لهاتين الروايتين هو سبب منهجي فقط لا غير، لأننا اعتبرنا أن هذين النصين هما غنيان بالقضايا النفسية، وصالحان للتحليل النفسي، وسنبدأ برواية غسان كنفاني.

وقد اعتمدت في دراسة النصوص الفلسطينية على منهج التحليل النفسي/الاجتماعي، وهذا المنهج جرنا إلى استخراج البنية الأساسية للنص، ولاحقنا ارتباط هذه البنية بالبنى التي تشكل النص، وخرجت من النص إلى محيطه

---

[1] راجع: مينه، حنا، صراع امرأتين ، ط1، 2001، دار الاداب، بيروت ـ لبنان، ص 50.

[2] راجع: م. بونفراكز، ج. سانتنز، الأحلام عبر العصور (معجم تفسير الأحلام)، ترجمة كميل داغر. دار النهار ـ بيروت، ص 174.

الاجتماعي والعلاقة التي تربط رؤى النصوص بمرجعها التاريخي الاجتماعي، ونبدأ النصوص الفلسطينية بنص غسان كنفاني "رجال في الشمس"

أ ـ تحليل رواية «رجال في الشمس»

1 ـ تحليل بنيوي للنص

نبدأ تحليل النص بتفكيك بنيته واكتشاف الترابط القائم بين البنى المتداخلة في النص، والعلاقات القائمة بينها، ونستهل التحليل بالتعرف إلى الشخصيات التي صنعت أحداث النص من خلال مواقفها الاجتماعية والنفسية.

يتحدث النص عن شخصيات اجتمعت في سيارة كانت تجول بهم في الصحراء العربية، من أجل الوصول إلى الكويت، وهذه المجموعة كانت في رحلة هرب من الظروف الاجتماعية والاقتصادية التي تسبب بها الاحتلال الذي فرض عليهم الهجرة القسرية من موطنهم الأم، فلسطين، وهذه الشخصيات هي:

1 ـ أبو قيس: عجوز فلسطيني، عاش فترة من حياته في فلسطين قبل النكبة في العام 1948، ولذلك يبقى في حنين دائم إلى وطنه وأرضه، وقد حل به التهجير في البصرة، وهو يأمل الدخول إلى الكويت حيث الرزق الوفير.

2 ـ أسعد: شاب فلسطيني جرب مرارة المنفى بعيدا عن الوطن، يفر من الأردن لأن السلطات تطارده من دون أن يفصح النص عن السبب، ومنفاه الثاني في البصرة بعد أن غدر به المهرب، وتركه في الصحراء وحيدا ليصل إلى البصرة.

3 ـ مروان: شاب يافع صغير السن، تلميذ في المدرسة: «الذين في سنك ما زالوا في المدارس! لقد كنت في المدرسة قبل شهرين، ولكنني أريد أن أشتغل الآن كي أعيل عائلتي..».

يريد أن يذهب إلى الكويت، كي يرسل كل قرش يحصله إلى أمه التي

سوف يغرقها، ويغرق إخوته بالخير الآتي من الكويت حتى يجعل من كوخ الطين جنة ([1]).
وتتم الصفقة بين الثلاثة، وبين «أبو خيزران» الذي سوف يقلهم إلى الكويت في وسيلة نقل هي عبارة عن خزان مياه فارغ في شاحنة يقودها أبو خيزران الذي فقد رجولته في حرب 1948، وكان قد خدم في الجيش البريطاني قبل عام 1948 أكثر من خمس سنوات، وحين ترك الجيش انضم إلى فرق المجاهدين، وكان معروفا بأنه أحسن سائق للسيارات الكبيرة، وبعد الحرب انتقل ليعمل سائق سيارات نقل عند الثري الكويتي الحاج رضا.
2 ـ تحليل نفسي/ اجتماعي للنص
نجد عند تحليلنا النص الأمور الآتية:
أ ـ يمثل الفلسطينيون الثلاثة رمزا للشعب الفلسطيني بأجياله المتعاقبة.
ب ـ الشاحنة الكبيرة التي تجوب الأرض العربية هي حاملة للقضية الفلسطينية أي تمثل الحكومات العربية فترة ما قبل 1967م.
جـ ـ خزان المياه يمثل رحم الأم ([2]).
د ـ السائق أو القائد يمثل القيادة الفلسطينية.
نجد عند تفسيرنا لهذه العناصر أن السائق «أبو الخيزران» يمثل القيادة السياسية الفلسطينية، التي يشفع لها أنها ناضلت في حرب 1948 إلا أنها ارتبطت بالانتداب البريطاني، وهذه القيادة أدارت القضية الفلسطينية بقوانين المصلحة الخاصة الذاتية المرتبطة بالانتداب البريطاني، وهي قيادة عاجزة عن تحمل مسؤولية شعب ووطن، وبالتالي تقوده إلى الموت، ولهذا كان «أبو الخيزران» عاجزا جنسيا، والعجز الجنسي لدى السائق الذي يثرثر كثيرا ليغطي

---

[1] كنفاني، غسان، رجال في الشمس ، ط1980، مؤسسة الأبحاث العربية، بيروت ـ لبنان، ص 43.
[2] راجع: بونفراكز، ج. سانتنز، الأحلام عبر العصور ، ترجمة كميل داغر، م.س. ص 164.

عجزه يمثل انعكاس الواقع السياسي الاجتماعي، على النص عبر عكس واقع هذه القيادات الفلسطينية تحديدا والعربية تعميما، التي كانت تحكي كثيرا عن بطولاتها كي تستر عجزها عن تحقيق اي نصر، وهذا ما مثلته في النص شخصية السائق "أبوخيزران" ([1]).

كثيرة هي الخطب والشعارات التي تنادي بالبطولات في معارك الاستقلال والتحرير، والتي كانت تصدر عن القيادات العربية، وفي الوقت نفسه عجزت هذه القيادات عن خوض المعارك الحقيقية والحروب من أجل إنقاذ فلسطين، أو حمايتها من المخاطر التي تتهددها، وقد برهنت حرب 1948 على أن هذه «القيادات أصبحت مخصية» ([2]).

وعصا الخيزران ترمز في التحليل النفسي إلى الذكورة والقوة ([3]).

تتطابق قامة (أبو الخيزران) مع كل ما في صفات الخيزران من مرونة وطواعية للطي بالاتجاهات جميعها، والمرونة، ولهذه العصا دلالاتهاعلى إسم أبي الخيزران الذي يسلك في حياته أسلوبا يتمتع بالمرونة، فهو يعبر عن الموقف، ونقيضه، ويستطيع أن يتبنى موقفا ثم ينقلب إلى الموقف المعاكس من دون أن يتأثر بذلك، وهو يبدل وجهته كيفما اتفق له ذلك بدون حسيب أو رقيب، وترمز هذه الصفات كلها إلى صفات القيادة السياسية القادرة على التقلب في المواقف من الضد إلى الضد بكل يسر وسهولة، وتتوافق تصرفاته مع تصرفات القيادة في المراوغة، وأخذ القرارات وفعل عكسها، وعندها القدرة على التغيير بكل الاتجاهات ([4]).

و«السيارة الجبارة»، التي تجول في الصحراء العربية تمثل الحكومات العربية التي حملت القضية الفلسطينية، كما حملت هذه السيارة الفلسطينيين

---

[1] راجع: كنفاني، غسان، رجال في الشمس ، م.س. ص: 60ـ62.

[2] راجع: فضل الـلـه، إبراهيم، المقاومة في الرواية العربية ، م.س. ص 49.

[3] راجع: بونفراكز، ج. سانتنز، الأحلام عبر العصور ، م.س. ص 219.

[4] راجع: فضل الـلـه، إبراهيم، المقاومة في السرد العربي ، م.س. ص 198.

الثلاثة على ظهرها، والسيارة كوسيلة نقل هي من وجهة النظر التحليلية النفسية وسيلة نقل من الدنيا إلى الآخرة، وقد مثلت في النص «ناقلة للموت» ([1])، أما الخزان الذي تحمله السيارة على ظهرها،فهو يرمز في النص بحسب التحليل النفسي إلى رحم الأم، وهو «خزان مستدير» على ظهر سيارة، وهذا مثال واضح للأم الحامل.

ونلاحظ الدلالة الجنسية الرمزية في «رفع أبو الخيزران طرف القرص الحديدي إلى فوق فاستوى واقفا فوق مفصله، وبدا باطنه أحمر من فرط الصدأ.. جلس أبو الخيزران إلى جانب الفوهة موسعا ما بين ساقيه المتدليتين وأخذ يمسح عرقه بالمنديل الأحمر الذي يلفه على مؤخرة رقبته...»([2])). يفتح أبو الخيزران باب الخزان وينظر إلى داخله كي يدخل المسافرون إلى باطنه، ويشق العالم الصغير الصحراء، وقد مثل الخزان الكبير رمزا للأم الكبيرة أي الأمة العربية = الأرض العربية التي تبعث الأمن والسلام والاستقرار، وهي الفردوس المفقود الذي يسعى الركاب إلى العودة إليه، وهذا هو حنين العودة إلى رحم الأم في العقدة الأوديبية ([3])، ولكن المسافرين يموتون في النهاية على ظهر السيارة، وداخل هذا الخزان، فقد قتلتهم هذه الأم = القومية العربية، قتلهم المسؤولون عن أمرها أي الحكام العرب، ويكون سبب النكبة وضياع فلسطين هو إدارة الحكام العرب للقضية الفلسطينية أي عدم الدفاع عنها، وضياعها في 1948 عندما احتلتها العصابات الصهيونية، وبالتالي تتحمل مسؤولية موت الدولة الفلسطينية الحكومات العربية، وإذا بقي الفلسطينيون سلبيين في مواجهة قضاياهم، والاكتفاء بالتهجير من بلد إلى بلد، وعدم محاسبة المسؤولين عن المسببين لنكباتهم، والاحتجاج من أجل رفع الظلم والحيف عنهم فإنهم سيموتون من دون فائدة:

---

[1] راجع: بونفراكز، ج. سانتنز، الأحلام عبر العصور ، م.س. ص 164.

[2] راجع: كنفاني، غسان، رجال في الشمس ، م.س. ص 66.

[3] راجع: الحفني، عبد المنعم، المعجم الموسوعي للتحليل النفسي ، م.س. ص 270.

«فلماذا لم تدقوا جدران الخزان؟ لماذا؟ لماذا؟..» ([1]).

تحتج الصحراء = الأرض العربية = الأم، على أولادها لأنهم لم يقاوموا، ويقاتلوا من أجل نيل حقوقهم، وتنتهي الرواية بهذا الاحتجاج، أو النداء الذي يقول: إن على الفلسطيني أن يقاوم ظروفه الضاغطة، ويتحمل مسؤولية مصيره، وإثبات هويته، ويموت في سبيل الدفاع عن قضاياه، أو يلاحقه الموت المجاني ([2]).

ب ـ التحليل النفسي لرواية العشاق لرشاد أبو شاور

1 ـ تحليل البنية الاجتماعية للرواية

صدرت رواية «العشاق» في العام 1977، في طبعتها الأولى، أي بعد عشر سنوات من نكسة 1967 التي احتلت فيها القدس وعموم الضفة الغربية إضافة إلى سيناء والجولان، وقد تناولت الرواية أحداث 1967 برؤية شمولية ([3]).

تتألف الرواية من مدخل، وهو رسم لأجواء مدينة «أريحا» التي يسميها المؤلف «مدينة القمر» ويعود في هذا العنوان إلى الوراء في الزمن حيث اجتاح العبرانيون المدينة بعد وفاة النبي موسى (ع)، وتتحدث الرواية في قسمها الأول تحت عنوان «الحرب» لتبين فيه أسباب الحرب من الداخل، وما أدت إليه من انهيار الأحلام الكبيرة ثم تنتقل إلى الإضاءة على الترحيل المتكرر للمواطنين اللاجئين ليصبحوا فيما بعد نازحين، ويتحدث السرد في قسمه الثاني عن ولادة المقاومة التي أتت ردا على الهزيمة المنكرة، ويتخلى الشعب الفلسطيني عن

---

[1] راجع: كنفاني، غسان، رجال في الشمس ، م.س. ص 93.

[2] راجع: فضل الله، إبراهيم، م.س . ص 50.

[3] راجع: أبو شاور، رشاد، العشاق ، ط1، 1977، منظمة التحرير الفلسطينية، لا مكان طبع، ص 5.

التسويف، وانتظار الوعود، ويتخذ السلاح وسيلة وحيدة للرد على الاحتلال، وإزالة العدوان، وتحرير الأرض واسترداد الكرامة المفقودة ([1]).

2 ـ تفكيك البنية السياسية للرواية

تعالج الرواية قضايا مواجهة العدو، وتربط بين الفساد في السلطة التي كانت قائمة ونجاح الاحتلال لذلك نراها تصور في مدخلها قضايا الفقر، والإهمال، والفساد السياسي، وعبرت الرواية في الأحداث التي قامت بها شخصياتها عن مرحلتين هما:

أ ـ النضال ضد الفقر والفساد.

ب ـ مقاومة العدوان والاحتلال.

لقد ارتكزت الرواية على شخصيات قامت بالحدث، وأبرز هذه الشخصيات هي:

1 ـ شخصية «أبو خليل».

يبني أبو خليل قرب جدول ماء، وتحت شجرة زيتون ضخمة كوخا يقدم فيه أكواب الشاي، ويضم عددا من مقاعد القش القصيرة الأرجل، ووابور كاز، وأباريق وأكوابا والصواني المتنوعة.

مثل هذا المقهى ملتقى الشبان، كما أصبح المكان حياة لأبي خليل الذي يقول:

«لا أستطيع أن أترك مكاني تحت تلك الزيتونة. سأموت، هناك. تعرفت على الناس، وتعرفوا بي، إنهم يحتاجونني، وأنا أحتاجهم، أنت لا تدرين ماذا يحدث لي عندما أرى أحد الشباب يطل من وراء الأشجار، وقد تهلل وجهه إذ يراني، وعندما يمد يده ليصافحني، ومرحبا يا عمي أبو خليل... هذه حياتي يا ابنتي» ([2]).

---

[1] راجع: إبراهيم، فضل اللـه، المقاومة في الرواية العربية ، م.س. ص 188.

[2] أبو شاور، رشاد، العشاق ، م.س. ص 221.

يمثل المكان حياة لأبي خليل، وتمثل الزيتونة رمزا لتاريخه وتراثه، وهو يتمسك بهذه الشجرة، ويبقى مصرا على إقامة مقهاه تحت ظلها، ويقول: ـ «هي فعلا شجرتي أراد صاحبها أن يقطعها في العام الماضي فرجوته، ولكنه لم يحن لرجائي، وقلت له: أدفع لك ما تشاء.. حياتي مرتبطة بهذه الشجرة، قال لي وهو يرفع رأسه باشمئزاز واعتداد: هي شجرتي... وأنا صرخت في وجهه: هذه ليست شجرتك.. أنت لم تزرعها، وهذه الزيتونة زرعت قبل ولادة جد جدك، وأنا منذ خمسة عشر عاما أعيش تحتها، واليد التي ستعمد لقطعها ستقطع، وهذه شجرتي، وأنا لن أتحرك من هذا المكان، ورأى الشرر يتطاير من عيني فانسحب عندئذ، وقطعت الأسلاك الشائكة التي تسور البياره، وخلعت الأوتاد الخشبية، وغيرت أمكنتها، وهكذا أصبحت الشجرة خارج حدود البيارة» ([1]).

يتوحد «أبو خليل» مع شجرة الزيتون، فهي رمز تاريخه، وماضيه بل هي رمز الإنسان (الأرض/الوطن) الفلسطيني ([2]). يبقى المقهى تحت ظل شجرة الزيتون حتى بعد الاحتلال وخروج الأهالي من المحيط، ويستمر «أبو خليل» على عادته، يقوم كل يوم برش الأرض بالماء، ويضع الكراسي القشية على حافة مجرى الجدول، ويقرفص قرب ساق شجرة الزيتون، ويشعل وابور الكاز، ويجلس يراقب الإوزات التي تخرج من تحت السياج المعدني، وتسير واحدتها تلو الأخرى وتأخذ بغمس رؤوسها بالماء ([3])، وفي أحد الأيام تطل عليه من وراء الأشجار مجموعة من الفتيان، ويرحب «أبو خليل» بهم: «يا هلا بالشباب، ولكن أين كنتم؟ وسأله محمود:

ـ كيف تسير الأمور، عمي أبو خليل؟.

[1] العشاق، م.ن، ص 207.
[2] راجع: الصالح، نضال، نشيد الزيتون ، قضية الأرض في الرواية الفلسطينية، ط1، 2004، اتحاد الكتاب العرب، دمشق ـ سورية، ص 20.
[3] راجع: أبو شاور، العشاق ، م.س، ص 276.

ـ اليوم جاء هذا الكلب، «الخواجة داود»، وأخذ يحدثني عن الآثار، وقبائل عبرية مرت بأريحا، مدينتنا من آلاف السنين».

يرمز «داود» إلى ادعاءات اليهود بحقهم التاريخي في فلسطين، لأنها بزعمهم وطنهم الأصلي منذ نزول التوراة على النبي «موسى» ([1]).

لم تثبت هذه الادعاءات ببراهين علمية قاطعة، فهناك من يذهب إلى أن البيئة التاريخية التي تتحدث عنها التوراة لا علاقة لفلسطين بها نهائيا، لأن كل ما جاء في التوراة من أمكنة وأحداث تتحدث عن اليهود، هي في الواقع والحقيقة التاريخية موجودة في غرب شبه الجزيرة العربية بمحاذاة البحر الأحمر، وتحديدا بين الطائف ومشارف اليمن، وهناك الموقع الطبيعي للتوراة ([2])، ويستمر هذا الجدل التاريخي في حق الشعب اليهودي في أرض فلسطين بين الطرفين الممثلين في الرواية بأبي خليل الفلسطيني العربي، و«داود» الذي يمثل الفكر اليهودي الصهيوني، ويستمر النقاش بين الطرفين إلا أن أبا خليل يضيق ذرعا بمقولات هذا الصهيوني ([3]).

يخوض أبو خليل معركة عنيفة مع داود؛ تعرض الرواية لها:

ـ «حلمت دائما أن أعيش في سلام، ولكن واضح أنه لا أمل.

ـ يا خواجة داود، أمعك مسدس؟

رد داود بسرعة:

ـ آ. لماذا؟ أتريدني أن أحضر لك واحدا؟

ـ لا. لا.

ـ اذهب واجلس.

وقال داود:

ـ هكذا أريدك. عليك أن تكون عاقلا، وتعرف مصلحتك..

---

[1] راجع: الصليبي، كمال، التوراة جاءت من جزيرة العرب، ترجمة عفيف الرزاز، ط1، 1985، مؤسسة الأبحاث العربية، بيروت، ص: 10.

[2] م، ن، ص: 11

[3] راجع: أبو شاور، العشاق، م.س، ص 237.

أدار داود ظهره فنثر «أبو خليل» العظمة من ساق الشجرة، وأطلق صوتا عاتيا شرسا.
ـ يا داود انظر:
التفت بسرعة.
ـ خذ...
وضربه «أبو خليل» في عينه اليمنى فصرخ، وثنى جذعه وحاول أن يغطي وجهه، ولكن أبا خليل عاجله بضربة أخرى في عينه اليسرى، فجأر داود وغطى وجهه براحة يده اليسرى... ومد يده اليمنى وسحب المسدس، فلطي «أبو خليل» وراء شجرة الزيتون، أصاب شجرة الزيتون ببعض الطلقات، وأبو خليل يلتصق بالساق وكأنه جزء منه، وتحرك ببطء وانسرب بين الأسلاك التي تسور البيارة، وأصبح بعيدا، وقذف بالعظمة المدماة، فسقطت قرب داود الذي عاد يطلق الرصاص، وخرج أبو خليل من بوابة البيارة... رفع رأسه فرأى قطوف البلح تتدلى من قمم أشجار النخيل، القطوف خضراء محمرة لم تنضج بعد، ولكن في وقت ليس ببعيد ستنضج... تمتم أبو خليل وهو يسير بمحاذاة الجدول مصغيا للخرير:
ـ «تزوجا، يا محمد أنت وندى وأنجبا الكثير من الأطفال» أنا أعرف أنها موافقة.
سمع ضحكة طفل مرحة، ولكن الرصاص كان يقطع تلك الضحكة التي كانت تعود لتنطلق من جديد حلوة.. مرحة...».
3 ـ تحليل ثقافي/ اجتماعي/ سياسي لحادثة «داود» و«أبو خليل»
يدل ضرب «أبو خليل» داود بعظمة من ساق الشجرة على أن مقاومة المعتدي يجب أن تنبع من الأرض نفسها، كما أن شجرة الزيتون هي التي ردت رصاص داود ومنعته من القتل، وليس خافيا ما ترمز إليه شجرة الزيتون التي تمثل فلسطين بعطائها، وتاريخها، وثقافتها، فعندما يتوحد الفلسطيني مع تراثه وقيمه لا بد له من النجاة والتحرر من الاحتلال:

«أبو خليل يلتصق بالساق وكأنه جزء منه..».

هذه الحماية بشجرة الزيتون، والالتصاق بساقها، هما الرد على ادعاءات الصهاينة بأي حق لهم في أرض فلسطين، بحيث يرفض «أبو خليل» التمثل بثقافة العدو برفضه الانصياع إلى «داود» الذي يدعي حقا تاريخيا ـ مزورا ـ في أرض فلسطين ([1])، وهذا الحق المزور هو الذي يسعى الاحتلال إلى تثبيته في وعي الإنسان الفلسطيني والعربي، وتصبح حقائق دامغة يعتنقها الفلسطينيون، وفي المقابل يكون الرد بالتمسك بتراث الأجداد، والفكر العربي الذي يحمي الأرض ويساعد على الخلاص من المحتل: «يجب إرجاع ظواهر المقاومة التي تلاحق المستعمر إلى موقف رفض التمثل، وإلى موقف الحفاظ على أصالة ثقافية وبالتالي إلى الحرص على ثقافة وطنية» ([2]).

يتغلب أبو خليل على خوفه وينتشل نفسه من الإحباط الذي حاول أن يضعه فيه العدو، عبر تعميم ثقافته التي تحاول ترسيخ أسسها الفكرية، على امل أن تبقى إلى الابد في الأراضي التي تحتلها، ولكن مواجهة هذا المحتل وتطهير الأرض منه هما الطريق لبناء شخصية تتمتع بالكرامة والحرية ([3]).

إن رفض ثقافة المحتل ودحض دعواه معناهما إلحاق الفشل به بشكل يصيبه بتمزيق ذاتي، مما يمكن المستعمر من الانتصار على خوفه، ويأسه اللذين يرسخهما المحتل يوما بعد يوم.

4 ـ تحليل نفسي للحادثة

إن حبل الخلاص الوحيد المتاح أمام أبي خليل لم يكن إلا بالعودة إلى رحم الأم/الأرض، ولهذا لجأ أبو خليل في زمن الاحتلال إلى الأرض، وبنى

---

[1] الصليبي، كمال، التوراة جاءت من جزيرة العرب ، م.س. ص 115.
[2] فانون، فرانز، سوسيولوجية ثورة، ترجمة ذوقان قرقوط (الترجمة العربية)، ط1، 1970م، دار الطليعة، بيروت، ص 33.
[3] راجع: أبو شاور، رشاد، العشاق ، م.س. ص 258.

في البيارة قرب النهر، وتحت ظل شجرة الزيتون، مقهى يقدم الشاي والقهوة والماء.

ومن المعلوم في التحليل النفسي أن الأرض ترمز إلى الأم، وكأنه في مقهاه يعود إلى حضن أمه الدافئ الذي يحميه من كل الأخطار، ولهذا تمسك بشجرة الزيتون، هذه الشجرة التي أمنت له الحماية من رصاصات داود التي أطلقها عليه لكنها لم تصبه بأي أذى، كما يرمز المقهى إلى مجموعات المقاومة التي تمر عليه الأم الهادية الراعية لأبنائها، فمنه يستمدون الهداية للقيام بأعمالهم عبر الاستماع إلى أبي خليل، وأخباره التي يتعرفون من خلالها على أحوال الطريق والناس وتحركات العدو، وبذلك يهتدون بهذه المعلومات التي يقدمها لهم، كما أنهم كانوا يشربون من ماء النهر، ويعني ماء النهر في التحليل النفسي ولادة جديدة، وكأنهم يولدون من جديد مع كل مواجهة مع الغاصبين للأرض المحتلين لها.

يمثل المحتل في الرواية صورة الأب الأوديبي، هذا الأب الذي استأثر بالأم، ومنعها عن الابن الذي يجاهد لإزاحة الأب من مكانه، ونستدل على ذلك في تحليلنا لبعض المفردات الواردة في الرواية: المحتل/المغتصب/الأرض.

نجد في تحليلنا النفسي لعلاقة هذه المفردات بعضها ببعض، وإذا كانت الأرض في التحليل النفسي تعني الأم، فعلينا حينئذ أن نتخيل معنى كلمة المغتصب... خصوصا إذا اعتمدنا التفسير الفرويدي القائل بالعقدة الأوديبية.

الفصل الثالث

تحليل النص على أساس المدارس النفسية مجتمعة

مقدمة

سنحاول في هذا الفصل أن ندرس النص الادبي بالاستناد إلى مجموع المدارس النفسية في التحليل الأدبي، ولذلك لن نقيد هذا الفصل بمنهج محدد، وإنما سنأخذ من كل منهج ما يتناسب وتداعيات النص، وقد وقع اختيارنا على إحدى روايات يوسف القعيد، وهي رواية «الحرب في بر مصر»، الصادرة في طبعتها الخامسة في العام 1991، عن مكتبة مدبولي، في القاهرة ـ مصر.

كان اختيارنا لـ «الحرب في بر مصر»، لما تختزنه هذه الرواية من قضايا نفسية، واجتماعية، وسياسية، وثقافية، ولذلك سنحاول تحليل هذه الرواية مستندين إلى مناهج التحليل النفسي المتنوعة.

تحليل نفسي/اجتماعي لنص «الحرب في بر مصر»

يوجب التحليل النفسي الاجتماعي علينا أن نفكك البنى الاجتماعية للنص قبل أن نبحث في القضايا النفسية التي يختزنها، ولهذا يجب أن نتعرف أولا إلى المجتمع الذي تدور فيه أحداث رواية الحرب في بر مصر.

تدور الرواية بمعظمها حول «حرب 1973» كوسيلة مقاومة في مواجهة أعداء مصر، ورد الاعتداء على أرضها، واسترجاع سيناء السليبة إلا أن هذه المقاومة بوجه الخارج، يجب أن تكتمل مع مقاومة داخلية تواجه قوى التسلط في المجتمع، والمعبرة عن نفسها بالسلطة الفاسدة، وبالفقر وبالتخلف، وبالظلم، وبالقهر...الخ، وهذه المعوقات الاجتماعية تمثل الأعداء المستورين داخل المجتمع، وبالتالي يجب مكافحتهم ومقاومتهم والوقوف بوجههم وصد خطرهم، وهذه المقاومة هي أهم وأخطر من مقاومة العدو الخارجي، لأن الانتصار في الحرب الأولى ضد السلطة الفاسدة، يحقق بسهولة الانتصار في الحرب الثانية ضد العدوان والاحتلال.

تطرح هذه الرواية، بشكل معمق قضية التضحيات الكبيرة التي قدمها جيل الشباب المصري أثناء حرب 1973، وقد تمثل هذا الجيل في الرواية بشخصية الفلاح «مصري» وتمثلت السلطة القائمة حينها بالعمدة، وجرت هذه الأحداث في قرية الضهرية، وبالتالي اكتملت بنية الرواية الاجتماعية.

أ ـ المجتمع: يتكون المجتمع في الرواية من سكان الضهرية، وهم ممثلون في عائلة الشاب الفلاح «مصري». هذه العائلة التي لا عمل لها كي تسد جوعها سوى العمل في زراعة أرض العمدة.

ب ـ السلطة: تتمثل السلطة في شخص العمدة.

تكتمل بهذه العناصر البنية الاجتماعية/السياسية لمجتمع الضهرية حيث

الأرض والشعب والسلطة، فكيف عالجت الرواية العلاقة المتبادلة بين هذه العناصر؟
ومن هي شخصيات (الحرب في بر مصر) التي حاكت أحداث «الضهرية»؟
أهم شخصيات الرواية هي شخصية العمدة ممثل السلطة، وتليه شخصية «مصري» الدالة على المواطن المصري العادي تحديدا، والعربي تعميما، ثم تأتي شخصيات متنوعة تمثل أهل القرية، وكل شخصية من هذه الشخصيات تتعلق بشخصيات مساعدة لها كشخصية ابن العمدة والخفير... إلخ كما أن هناك شخصيات والد مصري وشقيقاته، وصديق مصري، وشخصية الضابط... وهكذا تتنوع علاقات الشخصيات فيما بينها، ونبدأ بشخصية العمدة وامتداداتها.
أ ـ العمدة ممثل السلطة
تمثل شخصية العمدة الشخصية المحورية في الرواية التي تبدأ بتعريفنا إلى العمدة الذي لم يدخل الفرح إلى قلبه سوى بالأمس، وهذا الفرح كان بسبب عودة أرضه اليه بعد ان كانت قد استولت عليها السلطة، من خلال الإصلاح الزراعي الذي وزع الأراضي الزراعية على الفلاحين، غير أن أرض العمدة قد عادت إليه الآن بموجب قانون فك الحراسات، وإعادة الأراضي إلى أصحابها: «الأمس يوم من الصعب وصفه لأن سعادتي بعودة الأرض ما بعدها سعادة أخرى في العالم كله، تمنيت أن أموت ساعتها، في اللحظة التي علمت فيها بصدور حكم القضاء العادل بعودة أرضنا إلينا» ([1]).
أتى الضابط كي يسلمه أرضه التي يجب أن تعود إليه بدون مستأجرين، لأن كل العقود التي حررها الإصلاح الزراعي أصبحت باطلة، وبالتالي يجب تسليم الأرض إلى العمدة فورا، ومن يسلمها بالذوق كان بها، ومن سيرفض

---

[1] القعيد، يوسف، الحرب في بر مصر ، ط5، مكتبة مدبولي، القاهرة، مصر، ص 7.

سيلجأ الضابط إلى الإجراءات القانونية بما في ذلك الاستيلاء على الأرض بقوة السلاح، ولكم الـلـه وبعده لكم العمدة ([1]).
لم تعجب هذه الإجراءات الفلاحين الذين رفضوا أوامر الضابط، بعضهم يعلن أنه سيهاجر تاركا مصر بعد أن انتشر الظلم فيها بهذه الصورة.. يأخذون ممن لا يملك ويعطون لمن معه الدنيا بما فيها، والبعض قال: أشرف أن نشتري بثمن الأرض والمواشي أسلحة، ونقاوم حتى الحكومة نفسها وكانت أكثرية الحضور تميل إلى مقاومة الضابط بالقوة إذا لزم الأمر ([2]).
يستعد الناس لمواجهة الحكومة إذا انتزعت منهم أرضهم بقوة السلاح، وهذه المقاومة ستكون بسبب ما تمثله الأرض من قيمة للإنسان الذي تتحدد قيمته بما يمتلك من أرض: «كان والدي يقول إن الخلق في بر مصر نوعان: أولاد ناس وأولاد الكلاب، وفي الريف أولاد الناس من يمتلكون أكثر من مائة فدان للرأس الواحد، أما كل من لا يمتلك أية مساحة من الأرض فهو من النوع الثاني من الخلق» ([3]).
نستنتج أن بنية المجتمع التي تدور فيه الأحداث هي بنية ريفية، وأفراد المجتمع هم الفلاحون ويحصلون على قوتهم من زراعة الأرض، ويستميت هؤلاء الناس دفاعا عن الأرض، لأنها سبب المكانة الاجتماعية واحترام الآخرين إضافة إلى أنها المورد الرئيس للعيش والعمل ([4]).
يمثل العمدة السلطة في قريته، فهو ممسك بخناق القرية، ويتحكم في المجتمع، وهو الراعي للفساد والجهل والتخلف... بين فلاحي القرية، ويمثل

---

[1] القعيد، يوسف، الحرب في بر مصر ، م.س، ص 60.
[2] م.ن، ص ن.
[3] م.ن، ص 19.
[4] راجع: الضبع، مصطفى، رواية الفلاح فلاح الرواية ، لا.ط، 1998، الهيئة المصرية العامة للكتاب، القاهرة ـ مصر، ص 80.

العمدة السد المنيع أمام التقدم والتطور والازدهار في الضهرية، هذا ما قالته الرواية على لسان صديق «مصري» الذي خاض معه القتال في مواجهة الأعداء من أجل حماية مصر، واسترجاع سيناء، ورافق جثمانه إلى مثواه الأخير متمسكا بتسليم جثة «الشهيد مصري» إلى أهله، وعندما وصل إلى «الضهرية» وشاهد أحوال أهلها وتحكم العمدة في مقدراتها قال: «هل عدنا من حرب لنجد أن حربا أخرى في انتظارنا؟ أعتقد أن ذلك كان خطأنا نحن، ففي الحرب التي أنهوها أمس فقط كان العدو من الخلف ومن الأمام، وكل رصاصة انطلقت في اتجاه سيناء السليبة كان لا بد أن تقابلها رصاصة أخرى إلى الخلف باتجاه مصر المقيدة والمحتلة بمحتل من نوع آخر؛ بالفقر، والتخلف، والظلم والقهر، ولكننا لم ندرك فقد وجهنا كل الجهد نحو العدو الظاهر الواضح، وتركنا الأعداء السرطانية الخبيثة، تلك التي لا وجود لها أمام الأعين» ([1]).

نستشرف من هذا السرد أن المجتمع يعاني من أعداء كثر أخطرهم التسلط، والحكم الفاسد، والفقر والتخلف، ولكي يصبح المجتمع صحيا على أبنائه القتال من أجل صد العدوان الخارجي من أجل حماية الأرض والإنسان، ويكون على الجماعة أن تبني المجتمع المقاوم من خلال تنقيته من كل القضايا التي تعيق طريق المقاومة، وإذا لم يلتزم الإنسان العربي الفكر المقاوم، فإن الخطر يصبح داهما على الجميع، وهذا ما يقوله «الصديق»: « تصورنا أن أهلنا سيقومون بتلك المهمة [مقاومة العدو السرطاني الذي لا وجود له أمام الأعين] بدلا منا، لكنهم خيبوا ظننا، وهذا ما يجعلها مهمتنا التي لا بد وأن نقوم بها، ولن يتأخر ذلك معنا.إن السرطان سيسري في جسم الوطن بشكل يصعب معه العلاج، ومن يدري فقد يصل استفحال الخطر إلى أن يصبح العلاج الوحيد هو استئصال الجسم كله، والحلان أحلاهما مر» ([2]).

---

[1] راجع: القعيد، يوسف، الحرب في بر مصر ، ط 5، 1991، مكتبة مدبولي، مصر، م، س، ص 109.

[2] راجع: الحرب في بر مصر ، م.س. ص 110.

تؤكد الرواية في أكثر من موقع على المقاومة بخطيها الداخلي والخارجي، وهذا ما نجده على لسان «مصري» نفسه في حواره مع قائد وحدته: «وبعد إتمام الجزء الأول من قضية التحرير وعند العودة تسوى المشاكل الداخلية، وهي الجزء الثاني من حرب التحرير، اطمئن» ([1]). المهمة الأولى والأهم للمقاومة هي الدفاع عن الوطن ورد الاعتداء، واسترجاع الأرض السليبة.

وتقع المهمة الثانية على المجتمع المقاوم الذي يقع عليه عبء آخر، وهو تمتين الجبهة الداخلية، وترسيخها ليقف المقاوم على أرض صلبة، ويخرج من مجتمع متماسك يستطيع من خلاله تأدية واجبه على أكمل وجه، ولهذا تكون جبهة المقاومة هي الساحة التي يشعر فيها المقاوم باحترامه لنفسه. قال للقائد: «إن سفره إلى الجبهة سيمنحه الراحة الوحيدة، التي يبحث عنها لكي يستعيد احترامه المفقود لنفسه» ([2]).

بعد تبيان المجتمع الذي يدور فيه الحدث في رواية «الحرب في بر مصر» نبدأ بفك خيوطه، وتبيان عناصره والبحث في البنى التي تدور في داخله من خلال إماطة اللثام عن العلاقات التي ربطت بين عناصر الرواية، ونمو الشخصيات وترابطها معا في خط الصراع.

يركز العمدة سلطته في القرية عن طريق التزوير والغش، وبالتالي يعيش هذا المجتمع في ظل سلطة فاسدة.

بنى العمدة علاقته مع أهل القرية المتسلط عليها، على أساس السيطرة والقهر من جانب، والخضوع والسيطرة من جانب آخر، وهذه العلاقة هي امتداد لمفهوم العلاقة بين الذكر والأنثى في ظل الحضارة الأبوية التي هي حضارتنا، والتي كانت منذ آلاف السنين، ولا تزال علاقات اضطهاد وسيطرة ([3])، وقد بنى العمدة سلطته في قريته من دعائم متنوعة أبرزها، الأرض.

---

[1] م.ن، ص 100.

[2] م.ن، ص 100.

[3] راجع: طرابيشي، جورج، شرق وغرب ، م.س، ص 9.

ب ـ الأرض وسيلة من وسائل سلطة العمدة

الأرض في النص هي أرض الضهرية التي يعمل فيها الفلاحون في نظام المزارعة، وهم يبذلون الجهود المضنية في إصلاح الأرض وإحيائها، وهم لا يملكون منها شيئا، فهذه الأرض هي ملك العمدة، وقد كان الاتحاد الاشتراكي قد صادرها من العمدة، ووزعها على فلاحي القرية، وكان نصيب والد مصري منها مساحة دونمين، وبدأ مصري وأبوه وشقيقاته بالعمل فيها ومثلت لهم مورد الرزق الوحيد الذي يعيشون منه.

تمثل الأرض ركيزة من ركائز تدعيم سلطة العمدة على الفلاحين، ولهذا نراه يفرح بعودة الأرض إليه لأنها تحقق له السلطة والجاه، فهو يملك الأرض والفلاحين الذين يعملون عليها، وبالتالي يستطيع أن يتحكم فيهم ويتسلط على مجتمع القرية بأسرها، وهي بالنسبة إليه وسيلة من وسائل الإمساك بزمام السلطة، وكانت الحكومة المركزية قد صادرت منه الأرض ووزعتها على الفلاحين، وتحرر الفلاحون من سلطة مالكي الأرض، ومن بينهم العمدة الذي يملك أرض الضهيرة، ولكن لما تغيرت السلطة، وأتت حكومة جديدة، وأعادت إليه الأرض «عادت أيام أولاد الناس» عادت إليه الأرض التي أخذتها منه حركة الجيش، وعادت إليه مع الأرض السلطة، والجاه والسلطان وست عشرة سنة من عمره، والآن زال الكابوس، وعاد إليه نشاطه القديم، ونشوة الزمان العظيم الذي مضى، وهو يستعد للانتخابات البرلمانية، ولا بد من «كنس الأولاد أعضاء لجنة الاتحاد الاشتراكي العربي بضربة واحدة» إما هو وإما هم؛ لأنه صبر ستة عشر عاما عليهم فتركهم يخطبون ويصفقون، ولكنه الآن يخطط لكي يعين أحد أولاده في منصب كبير.

ترسم الرواية صورة لمقومات سلطة العمدة، ووسائل تمكينه من السيطرة على أهل بلدته. وتمثل الأرض وسيلة من وسائل تحكم العمدة في الفلاحين الذين لا يملكون مصدر تأمين لقمة عيشهم سوى العمل في الأرض وزرعها، واحتكر العمدة وسائل الإنتاج في القرية، وأصبح يتحكم في مصير البلدة

وأهلها، وبذلك مثلت ملكية الأرض المدماك الأبرز من مداميك بناء سيطرة وتسلط العمدة على الفلاحين الذين يستطيع العمدة الآن إخضاعهم وترهيب من يخالفه بقطع مورد عيشه، من خلال حرمانه من الأرض التي يزرعها ويعيش منها ([1]).

جـ ـ علاقة العمدة بالمرأة وجه من وجوه السلطة

يتزوج العمدة ثلاث نساء، ولكنه يقضي الليالي في حجرة زوجته الأخيرة «من عادتي في الفترة الأخيرة أن أقضي الليالي كلها في حجرة زوجتي الأخيرة. وقد يقول البعض إنها المرأة الجديدة، وكل جديد له طعمه الخاص» ([2])، والسر في المبيت عند الزوجة الأخيرة لم يكن بسبب أنها جديدة، وإنما لأمر يقول عنه العمدة: «احترت طويلا عند أي زوجاتي الثلاث أقيم، استعرضت علاقتي بهن في الفترة الأخيرة، زوجتي الأولى لا تطيق وجودي، الزوجة الثانية أصابها جرح بسبب زواجي بعدها، لم يبق سوى الثالثة. هونت الأمر، قلت إن السر عندما تعرفه واحدة خير من إذاعته بين ثلاث»، ولكن ما هو السر الذي لا بد وأن يدفن في بئر عميقة وتردم عليه، لأن الناس لو علمت به في البلدة لطالبته بالتنحي عن منصب عمدة البلدة؟ ونعلم بعد ذلك أن العمدة لم يعد رجلا كامل الرجولة: «.. في النهاية أجرى لي الحكماء عملية استئصال البروسطاط. قبلها قالوا لي إن هذا هو العلاج الوحيد ولا يوجد حل آخر... استئصال البروسطاط يعني بالنسبة إلي فقدان رجولتي...» ([3]).

يبقي في عصمته ثلاث زوجات لإثبات رجولته، وفحولته، وهو قادر على الزواج من الرابعة! فلماذا لم يتزوج الرابعة؟

---

[1] لن نتوسع في دور الأرض المتشعب في بناء العلاقات الإنسانية في الريف، وإنما سنكتفي فقط بالتحدث عن دور ملكية الأرض في تثبيت السيطرة والهيمنة على الفلاحين والتحكم في مصائرهم.

[2] راجع: القعيد، يوسف، الحرب في بر مصر ، م.س. ص 8.

[3] م.ن، ص 13.

هل القرية كلها زوجته الرابعة؟
تتضح في الإجابة عن هذه الأسئلة معالم التكوين النفسي لشخصية «العمدة» الذي فقد رجولته، وهو يخاف أن يفقد منصبه إذا علم أهل القرية بحالته:
«لو علم الناس في البلدة من الجائز أن يقولوا أني لم أعد أصلح عمدة للبلد، وأن العمدة لا بد وأن يكون رجلا كاملا» ([1]).
يؤكد هذا القول أن العمدة في لاوعيه يتعامل مع أهل بلدته معاملة مجنسة فيها الذكر والأنثى ـ الزوج والزوجة، وكأن هناك زواجا ضمنيا قائما بين أهل قرية «الضهرية» وعمدتهم، وبما أن أساس الزواج الرجولة (الجنس)، وفقدان القدرة الجنسية من قبل الزوج يبطل الزواج، وعندها يحق للمرأة الطلاق في حال فقدان الزوج رجولته ([2])، وبناء عليه، فإن العمدة يخاف أن «يخلع» من قبل أهل قريته لأن شرط الشرعية في الزواج هو الرجولة، وهذا الشرط غير متوافر فيه، وإذا سقط هذا الشرط يصح بطلان عقد الزواج بطلب من الزوجة، وبما أن العمدة ممثل للسلطة، وأهل البلدة ممثلون للمواطنين، فإن علاقتهما امتداد لكل علاقة قائمة بين السلطة والشعب في مصر والعالم العربي، وإذا كانت شرعية العلاقة بينه وبين أهل بلدته قائمة على الرجولة، فإن شرعية أية سلطة قائمة على قبول المحكومين، ويتم الحصول على هذا القبول من خلال الانتخابات، وتكون «الرجولة» عند العمدة في الرواية مقابل الانتخابات في الواقع أي:
العمدة = السلطة.
رجولة العمدة = الانتخابات.
أهل الضهرية = سكان مصر.

[1] راجع: القعيد، م.س، ص 12.
[2] راجع: شبلي، مصطفى، أحكام الأسرة في الإسلام ، دراسة مقارنة بين فقه المذاهب السنية والمذهب الجعفري في القانون، ط2، 1977، دار النهضة العربية للطباعة والنشر، بيروت ـ لبنان، ص 569ـ572.

استمرار العمودية على أساس مزور = استمرار السلطة على أساس مزور لأن فقدان الرجولة = فقدان الشرعية.

يستمر العمدة في منصبه على أساس حرصه الشديد على التستر وإخفاء فقدانه لرجولته، ويحاول جاهدا إظهار صورته كرجل كامل الرجولة «...السر لا بد وأن يدفن في بئر عميق ويردم عليه» ([1])، ويجب أن لا يظهر السر أمام أهل الضهرية «وهو بذلك يحافظ على شرعية سلطته أمام أهل بلدته المستمدة في أساسها من العلاقة بين الرجل المسيطر والأنثى الخاضعة المسيطر عليها» ([2])، فإذا فقدت الرجولة فقد مبرر السيطرة، وبالتالي خرجت الزعامة من داره، لذلك لا يكون أمامه سوى تزوير الحقيقة، وانتحال صفة الشرعية.

فهو عمدة بالنيابة أو بدل غيره، وإذا عممنا وضع عمدة «الضهرية» على السلطة في مصر كلها، وهي السلطة نفسها التي تستنسخ في العالم العربي عموما، فإننا نجد أن القابضين على مقاليد هذه السلطة هم مزورون، فإذا كانت شرعية السلطة مستمدة من الشعب عبر الانتخابات، وهذه الانتخابات غالبا ما تكون مزورة في بلدان العالم الثالث، وبذلك تكون سلطة الحكام قائمة على أساس مزور تماما كرجولة العمدة المزورة، وهكذا تكون السلطة فاقدة للشرعية، وهي منتحلة صفة وعليها الرحيل، وترك مكانها للأصيل أي للشعب عبر حرية الاختيار لديه.

ويستمر العمدة في التزوير عندما يحاول تهريب ابنه الرابع من الخدمة العسكرية، فلا يجد سبيلا إلى ذلك سوى طلاق أمه على الورق فقط «ابني الرابع، كانت أمه أحلى النساء. آه، إن الزمان الجميل ذهب... وابني الرابع طلقت أمه، طلاق سري على الورق ليس غير، وبعد وقوع الطلاق، أصبح هو العائل الوحيد لأمه المطلقه» ([3]).

[1] راجع: القعيد، يوسف، الحرب في بر مصر ، م.س. ص 12.

[2] راجع: طرابيشي، جورج، شرق وغرب رجولة وأنوثة ، م.س. ص 61.

[3] راجع: القعيد، يوسف، الحرب في بر مصر ، م.س. ص 13ـ14.

يقوم العمدة بطلاق شكلي على الورق، كي يقدمه إلى السلطات العسكرية من أجل إعفاء ابنه من الخدمة العسكرية، لأن الطلاق يجعل الولد المعيل الوحيد لأمه، وبذلك يعفى من الخدمة، وهذا الذي حصل فقد أعفى الولد بتزوير الطلاق ([1])، وتتم عملية التزوير الكبيرة عندما يستبدل «مصري» بـ «الدلوعة».

د ـ سلطة العمدة، وتزوير أجيال المستقبل

الدلوعة هو الابن الأخير للعمدة من زوجته الأخيرة، وكان طالبا فاشلا بكل المقاييس، فهو لم يستطع الحصول على «الإعدادية»، مع أن والده كان قد أمن له كل الظروف المناسبة كي ينجح، ولكنه كان يرسب سنة وراء سنة، ولما تكرر الرسوب أعاد والده تسجيله في مدرسة خاصة في المركز، وبعد دفع الرسوم والمصروفات رفضت والدته إرساله إلى المدرسة خوفا عليه من الحالة النفسية التي سوف يمر بها في حال رسوبه، لأنه حتما سوف يرسب، كما أن أمه رأت أن ابنها لا يحتاج إلى شهادة جامعية، فهي لا تفيده لأنها وسيلة للعمل، والعمل خلق لمن لا يجد ما يأكله في بيته، بينما «الدلوعة» يملك الكثير ولا يحتاج إلى أن يتعب نفسه في دراسة أو عمل ([2]).

يرمز الدلوعة إلى الشباب الفاسد المهمل الجاهل الفاشل في أموره كلها، وكأن الرواية تريد أن تقول إن السلطة الفاسدة لا تنتج إلا الفساد، وبما أن الشباب يرمز إلى المستقبل فإن الدلوعة يرمز إلى السلطة التي تنتظر هذا المجتمع في المستقبل، وهذه السلطة ستكون في المستقبل على هيئة الدلوعة الجاهل، والفاشل، والمستهتر بكل القيم والمثل العليا، الذي يتهرب من أشرف فضيلة، وهي الدفاع عن أرضه، وعرضه وشرفه...الخ.

---

[1] راجع: القعيد، يوسف، الحرب في بر مصر ، م.س، ص 21.

[2] راجع: م.ن، ص.ن.

هـ ـ الفلاح "مصري" مستقبل الشعب

مصري هو الابن الوحيد بين خمس بنات، تعلم وحصل على الإعدادية من مدرسة البلدة، ولأن ظروف أسرته المادية لا تسمح له بإكمال تعليمه خارج القرية بسبب تكاليف السكن، والطعام ونفقات الملابس والكتب... فإنه أكمل تعليمه بأسلوب المدرسة من المنازل عبر «المذاكرة» مع الطلاب من أولاد الأغنياء الذين يذهبون إلى المدرسة الثانوية في المركز كل يوم، ومع كل هذه الصعوبات نجح «مصري»، وكان الأول على زملائه «فهو الأول في المدرسة دائما» ([1]).

ولد «مصري» في بيئة ريفية من الفلاحين الذين يعيشون في فقر مدقع «العشة التي يعيش فيها أهل «مصري»، والتي تسمى تجاوزا بيتا» في هذه «العشة» أبصر مصري النور من والد كان يعمل خفيرا وأحيل على المعاش، وحصل على ثلاثة أفدنة قطعة مربعة من الأرض يزرعها من الإصلاح الزراعي، وتعينه على إعالة أسرته، وهو يأمل أن يمتلكها يوما ما إلا أن هذه الأرض عادت إلى صاحبها العمدة بعد إزالة الحراسات عن الأملاك: «صدر حكم قضائي اليوم بعودة الأرض التي أخذها الإصلاح الزراعي من العمدة ووزعها على الفلاحين وأن البوليس سيأخذ الأرض من المنتفعين ويسلمها إلى العمدة» ([2]).

علق «مصري» على القرار بقوله: «هذا أسود يوم في حياتنا»، وكأنه تنبأ بأن هذا القرار سيكون السبب الرئيس في عملية التبادل بينه وبين ابن العمدة، فهو وافق على الذهاب إلى التجنيد بدل ابن العمدة من أجل أن يترك العمدة الأرض لوالده كي يزرعها، وهذا ما سوف يحصل في المستقبل.

1 ـ تحليل شخصية مصري

يرمز مصري إلى الفلاح الشاب المتعلم والمثقف الذي يجاهد في سبيل

---

[1] راجع: الحرب في بر مصر ، م.ن، ص 56ـ57.

[2] م.ن، ص 92.

رفع مستوى عائلته، كما يرمز إلى الجيل المصري الشاب، فهو شاب محب متفان، كما أنه ذكي ونشيط وكان ينجح في مدرسته على الرغم من مشاق عمله في الأرض وهو يساعد والده في الزراعة، فهو مثال الفتى الذي تربى على قيم الفلاحين من احترام الأهل والبر بالوالدين وتحمل مسؤوليات الحياة، والالتزام بالمثل العليا للمجتمع، وهو يمثل هذا الشعب المتفاني في سبيل تأمين رزقه، وهو باختصار يعبر عن المستقبل الواعد الذي ينصف المظلوم، والمجتهد والناجح، والمضحي بروحه في سبيل أرضه دفاعا عن أهله، وعرضه، وشرفه... الخ، ويمثل «مصري» أيضا، جيل الثورة المصرية، جيل الشباب العربي الذي ولد تقريبا مع هزيمة 48 وترعرع على مبادئ ثورة 52، وعايش عدوان 56، وشب على هزيمة 67، وفجع بوفاة عبد الناصر في 70، وخاض حرب 73، وهذا الجيل كانت حياته: «لنعد إلى «مصري» حياته كانت فصولا متصلة ومستمرة من العذاب الذي لا نهاية له».

مصري هو مستقبل هذا الشعب الذي كان تاريخه سلسلة من الخيبات، والصدمات المؤلمة، وبالتالي تكون وعيه على مآس متنوعة كانت تجلبها السلطة التي يعيش في ظل سطوتها، هذه السلطة التي هي مثال عن كل سلطة تمر بتاريخ الإنسان، وهي في النهاية مثال للأنماط الكبرى التي تتحكم في وعي الإنسان.

2 ـ «مصري» على الجبهة بدل ابن العمدة

يطلب الدلوعة ابن العمدة إلى الخدمة العسكرية، وبدأ العمدة في التفكير في تخليص ابنه من الخدمة العسكرية، وكلف من يفتش له على اسم آخر يذهب بدلا منه، وأتاه كاتبه ومعه ورقة صغيرة فيها اسم «مصري»، ولكنه كان يرفض، ويطلب من الكاتب البحث عن غيره، وبعد جدل واستعراض الأسماء، والعائلات كان يبرز دائما اسم «مصري» كحل مناسب، وأخيرا وبعد أن تعب العمدة من الإنصات وافق على «مصري» ابن الخفير الذي يزرع ثلاثة أفدنة بعقد

إيجار من الإصلاح الزراعي التي وزعها على الفلاحين، وبما أن البوليس سيأخذ الأرض من المنتفعين ويسلمها للعمدة الذي أقسم أنه لن يتسلم شبرا واحدا منها وعليه مستأجر، فلا بد أن يأخذ أرضه بدون مستأجرين، وبذلك يخسر الخفير مورد رزقه الذي يعيل «مصري»، والخمس بنات أخواته، ونشأت في ظل هذا الوضع المتأزم قضية معيشة الخفير وابنه، وانسداد كل آفاق الحلول وحتمية خسرانهما الأرض، ثم تظهر بادرة أمل من أجل حل هذه المسألة، ويأتي العرض الذي يتضمن ذهاب «مصري» إلى الخدمة العسكرية بدلا من «الدلوعة»:

«ببطء فهمت الخدمة البسيطة المطلوبة مني أو بالتحديد من «مصري»، ابني الوحيد على كوم بنات، عليه أن يذهب إلى التجنيد بدلا من ابن العمدة الذي يعد الابن رقم سبعة» ([1]).

يقدم العمدة الأرض، وفي المقابل يبذل الخفير جهده، وعمل أولاده طوال العام، ويتقاسمان المحصول بشكل يرضي الطرفين، وإن نجح الخفير في استثمار الأرض بشكل جيد من الممكن تقديم المزيد من الأراضي له في المستقبل، ولكن هذا الاتفاق سيبقى سرا حتى لا يعلم أحد بذلك، إضافة إلى استمرار الخفير بعمله في حراسة دار العمدة بأجر ثلاثة جنيهات في الشهر ([2]).

يسافر «مصري» إلى الجبهة، ويصل إليها ظهر الجمعة قبل بدء حرب التحرير بأربع وعشرين ساعة، ومع ضيق الوقت امتد الزمن بحماسة الجنود الذين بدأوا على الفور بحفر الخنادق، وإقامة عدد كبير من السواتر الرملية التي أحاطت بمقر وحدتهم، ومن ثم نصبوا الخيام واحدة للنوم وأخرى للكشف على الجرحى وثالثة لإجراء العمليات... الخ.

تم تجهيز مكان الوحدة من إجراءات التمويه، وحفر أماكن إخفاء السيارات، ومخازن الدواء والذخيرة، والسلاح، والتعيينات الميدانية، وتولت

---

[1] راجع: الحرب في بر مصر ، م.س، ص 57.

[2] م.ن، ص 66.

هذه الوحدة مهمات ميدانية استشفائية تحت اسم: «مستشفى الفرز الميداني رقم واحد».

يتضح من اسم هذه الوحدة أن مهمتها هي مركز علاج متقدم في الخطوط الأمامية يستقبل الجنود المصابين في القتال، ويقدم إليهم الإسعافات الأولية، والعلاجات السريعة، ويعودون إلى الجبهات فورا، أما الإصابات الحرجة فتنقل إلى الخطوط الخلفية، أما الشهداء فلهم إجراءاتهم الخاصة التي تتبعها الجيوش في مثل هذه الحالات ([1]).

3 ـ استشهاد مصري

تطلب قيادة الوحدة من مجموعات من الممرضين، وحملة النقالات أن يتقدموا إلى أبعد خط تحميه القوات المصرية، وعليهم أن يرفعوا علم الخدمات الطبية لأن المواثيق الدولية تحرم ضربهم أثناء القتال، وعندما وقف قائد الوحدة ليختار من يتقدم إلى أبعد خط ممكن في الجبهة، وكان عند الشاطئ الغربي للقناة في ذلك الوقت أسرع «مصري» ليطلب «الإذن» بالذهاب، وتقول الرواية: «كنا نقف في طابور التمام الصباحي، الوقت هو السابعة صباحا، مصري كان يقف على يميني يرتدي (أفرول) لم يعرف الكي. بدا لي أنه وضعه تحت رأسه بالليل حتى يبدو مكويا. أعلن القائد أنه سيختار من يتقدمون إلى الخط الأول. رفع «مصري» يده اليمنى، امتدت المسافة التي تفصلنا عن الطابور الواقف أمامنا، اهتز جسمه مع كلمة واحدة نطق بها في عزم: ـ أفندم، قبل أن يأذن له القائد تراجع إلى الخلف، وبخطوة سريعة لف حول الطابور إلى أن أصبح أمام القائد مباشرة حياه، أمر بتدوين اسمه في «رأس القائمة» ويتم اختيار «مصري» ويعين «حكمدار» على فصيلته، التي تبدأ بالتحرك نحو الخطوط الأمامية يتقدمها «مصري» مسرعا في خطوته، وتبدأ الفصيلة بعملها، ويأتي وقت استبدالها بأخرى، وتعود الفصيلة إلا أن «مصري» يرفض العودة، ويبقى في الميدان،

---

[1] راجع: الحرب في بر مصر ، م.س، ص 68.

وتحولت حكايته إلى نوع من أنواع البطولة التي تحدث عنها كل من عرف «مصري» في المعركة، ويستمر في تأدية دوره في المعركة مع أن إصابته بالغة، وينهمك فترة طويلة من الوقت في العمل وسط الجرحى، وهو مصاب من دون أن يبلغ أحدا بإصابته، وظل هكذا إلى أن فقد وعيه وسقط على الأرض، فاكتشفوا إصاباته الكثيرة، وكان قد نزف كل دمه تقريبا، وتسمم أحد جروحه، ونقل إلى خيمة الكشف، وتبين أنه مصاب بشظية في عنقه، وجرح في بطنه، وكسر في عظام قدمه اليسرى، ووجد الأطباء أن علاجه ميؤوس منه، ولكن القائد أمر بعمل المستحيل من أجل إنقاذه» ([1]).

يستشهد مصري...بواجب الدفاع عن مصر في حرب أكتوبر، وتبرز عندما تعود جثته إلى القرية ليدفن فيها مشكلة جوهرية، وهي من يتسلم جثة الشهيد؟! عائلته الأصلية أم العائلة المزيفة؟ وتكتشف الحقيقة أن «مصري» ليس ابنا للعمدة ([2])!

وتباشر الأجهزة الأمنية بالتحقيق في الموضوع إلا أن هذا التحقيق لا يصل إلى نتيجة حاسمة بسبب تدخل شخصية كبرى من مسؤولي الدولة، ويتم إقفال التحقيق لأن القضية لا تستحق، ولأن «مصري» قرر أن يقدم خدمة لمواطن آخر، وشعار «أفديك بروحي وحياتي» معروف جدا بين أبناء الشعب المصري ثم إن الحرية تمنح لكل إنسان أن يفعل ما يشاء في دمه وحياته، ومصري قرر أن يضحي بدمه، وحياته بدلا من ابن العمدة، ولذلك لا داعي للتحقيق في الموضوع، ولا دخل للنيابة في ذلك، وتأتي التعليمات بقفل التحقيق، واعتباره كأنه لم يكن، ودفن الجثة على أساس أنها لابن العمدة.

4 ـ تحليل نفسي/اجتماعي لاستشهاد «مصري»

تنكشف عملية التزوير بعد وصول جثة «مصري» إلى بيت العمدة، وكان

---

[1] راجع: الحرب في بر مصر ، م.س، ص 104.

[2] م.ن، ص 105ـ106.

صديقه الذي يعرف وحده السر قد أصر على الذهاب معه، وتكون المفاجأة حين يصل الضابط الذي حمل الجثة إلى أهله، وعندما يسأل الضابط عن ابن العمدة يعلم أنه لم يغادر القرية، ويدور هذا الحوار الساخر: «... ولكن كيف استشهد وهو في البلد، قال صديق الشهيد ببطء: استشهد بالنيابة، ولم يفهم الرجل كلامه، ولا الكلمة التي ختم بها صديق الشهيد جملته: ـ بالتوكيل الشرعي الذي اعتمدته مصر» ([1]).

يعكس هذا الحوار حقيقة رؤية المؤلف إلى حرب 1973 التي خاض غمارها الشعب المصري وجيشه الذي قدم التضحيات، وفي المقابل استغلال السلطة لهذه الحرب، ونحن نلاحظ في دراستنا للرواية أن جميع الشخصيات فيها قد قدمت بأسماء الوظيفة الاجتماعية التي تقوم بها:

العمدة ـ المتعهد ـ الخفير ـ الصديق ـ الضابط ـ المحقق...

وبذلك ربما تكون من دلالات وظيفة «مصري» المواطن أو الجندي (المصري)، الذي وقف مقابل العسكري (إسرائيلي)، أنها رمز من رموز الجيش المصري الذي عبر قناة السويس، وخاض الحرب بكل قوة وإيمان، وتضحية، وهذا الجيش غدر به، ومنع من تحقيق مبتغاه عبر إدخاله في حرب كانت بالوكالة عن سلطة عاجزة عقيمة لا يمكن أن تنتج أي نصر، وهذا ما تؤكده الدلالة الرمزية للعقم عند العمدة الذي أودى بحياة «مصري»، وأخذ مكافأة الاستشهاد والشرف ([2]).

تعكس الرواية فكرتها الأساس التي مؤداها: أن الطبقات الفقيرة من الشعب المصري تضحي بكل شيء في سبيل وطنها، وصونه، وحمايته من طمع الأعداء حتى أن أفرادها يموتون بدون أن تحدد لهم أسماء أو قبور، وهذا ما حدث مع الجيش المصري الذي يضم في أغلبيته المطلقة أبناء الفقراء، فقد ضحى الجنود الفقراء، وماتوا من أجل الوطن، وفي مقابل هؤلاء فإن طبقة السلطة، وأصحاب النفوذ، والمستفيدين من الحكومة جميعهم لم يضحوا بأي شيء، ومع ذلك

[1] راجع: القعيد، يوسف، الحرب في بر مصر ، م.ن، ص 128ـ130.

[2] راجع: م.ن، ص 128.

أخذوا كل شيء ([1])، وهذا ما حدث في المرجع الواقعي التاريخي بعد حرب 1973 حيث بدأت مرحلة «الانفتاح الاقتصادي» التي استفاد منها الأغنياء، وقبضوا ثمن النصر، وشربوا الخمر في جماجم الشهداء والفقراء ([2])، وما حدث كما ورد في السرد هو جريمة متكاملة: « حتى في الحرب لقد رضينا بأن يفسدوا كل ما في مصر، الأرض، والماء، والهواء، والناس، ولكن شرف الدفاع عن تراب مصر أمر آخر. وضعتني كلمات الرجل أمام جريمة متكاملة الأركان، وشعرت أن يدي ملوثة بدم الجثة الموجودة في الصندوق، وعلي أن أتصرف، وكانت الجريمة من نوع فريد، ومبتكر ليست سرقة، أو قتلا، أو حتى تزويرا في أوراق رسمية، جريمة لم يخترع لها اسم بعد لأنها لم تحدث من قبل في مصر أو في أي بلد من بلاد العالم» ([3]). وتنتهي الرواية بالدلوعة شهيدا بالتزوير، و«مصري» الشهيد الحقيقي اختفى ولم يعد له وجود.

[1] راجع: وادي، طه، الرواية السياسية ، ط1، 2003، الشركة المصرية العالمية للنشر، لونجان، الجيزة ـ مصر. م.س. ص 183.

[2] م.ن، ص 178ـ179.

[3] راجع: القعيد، يوسف، الحرب في بر مصر ، م.س. ص 132.

محصلات الباب الثالث

تأثر النص الأدبي العربي بهذه المناهج النفسية، وظهر على الساحة الثقافية الأدبية العربية من يهتم بكل العمليات النفسية، ودوافع الإبداع الأدبي، وقد مثل هذا الاتجاه بعض الأدباء الذين كتبوا نصوصا مطابقة لمناهج التحليل النفسي، ومن هذه الكتابات السراب لنجيب محفوظ، ولاقت مناهج التحليل النفسي رواجا عند النقاد العرب، وقد نشرت منذ أربعينيات القرن الماضي دراسات نقدية نفسية مثل كتاب محمد أحمد خلف الله «من الوجهة النفسية في دراسة الأدب ونقده»، وتعزز التحليل النفسي الأدبي على الساحة العربية مع عز الدين إسماعيل بعدما نشر كتابه «التفسير النفسي للأدب».

يعتبر الدكتور حسين خمري في كتابه «بنية الخطاب النقدي»، أن أول من أدخل التحليل النفسي للأدب إلى الساحة النقدية العربية في نهايات الأربعينيات من القرن الماضي، مدرستان سيطرتا على الحركة النقدية العربية، وهما مدرسة مصطفى سويف بداية من كتابه «الأسس النفسية للإبداع في الشعر خاصة»، وعز الدين إسماعيل ابتداء من كتابه «التفسير النفسي للأدب»، ومن الطبيعي أن التحليل النفسي للأدب قد امتد، واتسع وتشعب في الحياة النقدية العربية، وأصبح مدرسة قائمة بذاتها لها كيانها المستقل ([1]).

أراد الدكتور عز الدين إسماعيل أن يشرك قراء اللغة العربية في التراث العلمي النفسي، محاولا تطبيق المنهج العلمي النفسي في تفسير الأدب، ليؤكد

---

[1] راجع: خمري، حسين، بنية الخطاب النقدي ، م.س. ص 86.

كيف يمكن لعلم النفس وللأدب أن يفيد كل منهما الآخر، وتأثر عدد كبير من النقاد العرب بهذا المنهج النفسي، وظهرت أجيال جديدة أغنت مكتبة النقد النفسي للأدب بمؤلفات كشفت الكثير من خفايا النفس العربية المبدعة، من خلال البحوث والدراسات في الإبداع العربي، التي كتبت بأقلام عدد غير قليل من النقاد العرب الذين التزموا بمنهج التحليل النفسي للأدب.

ويوضح عز الدين إسماعيل في مؤلفه، أهمية اللاشعور، وكان يرى أن الاهتمام بالدوافع اللاشعورية في الأدب ظاهرة حديثة نسبيا، وقد استمد هذا الاهتمام دفعته الأولى منذ عصر النهضة، ومنذ أن بدأ الإنسان ينظر إلى الذات الداخلية للفرد الحر على أنها العامل الأساسي في تحديد مصيره.

وبينما كانت القوى التي تحرك الشخصيات في العمل الفني هي قوى ميتافيزيقية قد تبدلت الآن، وأصبحت مع التحليل النفسي قوى داخلية. فالإبداع يرجع في مصدره إلى الرغبة في التخفيف من عبء خاص، ومحاولة تحقيق رغبات في عالم الخيال لم تشبع في الواقع ([1]).

لقد أدرك بعض النقاد العرب صلة مخزون اللاوعي بالإبداع الأدبي، فقد حلل عباس محمود العقاد شخصية أبي نواس من خلال شعره على ضوء دوافع اللاشعور، واعتبر أن آفات أبي نواس صادرة عن ظواهر نفسية هي النرجسية ([2]).

تتعدد أسماء النقاد العرب الذين ينتهجون مدرسة التحليل النفسي للأدب، ويصعب تعدادها أو الإحاطة بها في هذه الدراسة، إلا أننا سوف نذكر بعض الأسماء على سبيل المثال لا الحصر، ومن هؤلاء الناقد جورج طرابيشي الذي عالجت مؤلفاته قضايا متنوعة من الأدب العربي بوجهة نظر نفسية فكان «لعبة الحلم والواقع: دراسة في أدب توفيق الحكيم» الصادر في طبعته الأولى العام 1972، ثم تلاه كتاب «اللـه في رحلة نجيب محفوظ الرمزية» في طبعته الأولى عام 1973، ودراسة في أزمة الجنس والحضارة في الرواية العربية «شرق

[1] عز الدين، إسماعيل، التحليل النفسي للأدب ، دار العودة، بيروت، ص 9.
[2] العقاد، عباس محمود، أبو النواس الحسن بن هانئ ، دار الهلال ـ القاهرة، ص 27ـ30.

وغرب، رجولة وأنوثة» الصادرة في طبعتها الأولى في العام 1977، ثم دراسات في أدب العديد من الأدباء العرب تحت عنوان «الأدب من الداخل» في طبعته الأولى في العام 1978، وجميع هذه الكتب صدرت في بيروت عن دار الطليعة، وصدر عن دار الآداب في العام 1995 كتاب «الروائي وبطله، مقاربة اللاشعور في الرواية العربية»، وتعتبر دراسات طرابيشي«خطوة حاسمة على طريق ولادة مدرسة نقدية للرواية العربية» ([1]).

وكتب جان طنوس دراسة نفسية حول شخصية توفيق يوسف عواد وأدبه، ثم أتبع هذه الدراسة بكتاب «أساطير الجسد والتمرد»، وبعدها قام بدراسة لأدب إملي نصر الله، بعنوان «قراءة نفسية في أدب إملي نصر الله» ([2]).

كما كان للدراسات الأكاديمية المجال الرحب في هذا المضمار، ونذكر منها «صراع المقهورين مع السلطة، دراسة في التحليل النفسي لرواية الطيب صالح موسم الهجرة إلى الشمال» ([3]).

ونذكر في هذا السياق كتابات خريستو نجم الذي أصدر بعض المؤلفات التي عالجت بعضا من القضايا الأدبية من خلال مدرسة التحليل النفسي للأدب، وأبرزها كتابه «في النقد الأدبي والتحليل النفسي» ([4]).

تعزز وجود التحليل النفسي للأدب على الساحة النقدية الأدبية العربية، من خلال جهود عدد كبير من النقاد الذين انطلقوا من نظريات علم النفس، وراحوا على ضوئها يحللون النصوص الأدبية العربية.

---

[1] راجع: طرابيشي، جورج، شرق وغرب ، رجولة وأنوثة، م.س. الغلاف الأخير.

[2] راجع: طنوس، جان:

أ ـ توفيق يوسف عواد، دراسة نفسية في شخصيته وأدبه ، ط 1994، دار الكتب العلمية، بيروت.

ب ـ أساطير الجسد والتمرد ، ط1، 1999، دار الحداثة ـ بيروت.

جـ ـ قراءة نفسية في أدب إملي نصر الله ، ط1، 2002، دار الكتب الحديثة، بيروت.

[3] راجع: نعمة، رجاء، صراع المقهورين مع السلطة ، دراسة في التحليل النفسي لرواية الطيب صالح، موسم الهجرة إلى الشمال ، ط1، 1986. لا ط، لا دار، لا مكان، ص 15.

[4] راجع: نجم، خريستو، في النقد الأدبي والتحليل النفسي ، م.س. ص 329ـ331.

محصلات الدراسة

نستطيع أن نعرف مهمة التحليل النفسي بالمهمة التي تحقق أكمل معرفة ممكنة بكل المنظمات الثلاث، التي يعتقد أن الشخصية النفسية تتألف منها وهي: الهو، والأنا، والأنا العليا، وبالتالي نتبين حقيقة العلاقة التي تربط هذه العناصر بعضها ببعض، أو بينها وبين العالم الخارجي، ومعنى ذلك فيما يتصل بالأنا أن نتقصى مضمونها، وحدودها، ووظائفها، وأن نتبين تلك التأثيرات من جانب العالم الخارجي، والهو، والأنا العليا التي اضطلعت بتشكيل الأنا، وفيما يتصل بالهو أن نقدم وصفا للغرائز أي لمضمونات الهو، وأن نتبعها في تحولاتها التي تطرأ عليها ([1]).

لقد زودنا فرويد بجهاز مفهومي قادر على الولوج إلى قلب الحقيقة الإنسانية، عندما أخرج كتلة الاستيهامات المكبوتة إلى شبكة سردية ودلالية جاهزة للتموضع في البنى اللغوية، بعد أن كانت مدفونة في ظلمات النفس واللاوعي، وبفضل فرويد أصبح الآن هناك قراءة جديدة للأحلام والمشاعر والخطابات، محكومة بدوافع لا عقلانية، ولم يكتف التحليل النفسي بالمادة الكلامية فقط، وإنما يتناول الحلم والذكرى، وعوارض المرض، وكبت المشاعر، وحالات الصمت، وهذا التحليل لا يهتم بتنوع اللغات، وإنما يهتم بالتداعي الحر للأفكار.

لقد بدأ التحليل النفسي الأدبي مع فرويد وتطور مع تلاميذه ومريديه، وسار النقاد المعاصرون على هدي تعاليم أولئك الأسلاف، فأعطوا أهمية كبرى لسيرة

---

[1] راجع: فرويد، أنا ، الأنا وميكانزمات الدفاع، م.س، م.س، ص 9.

الكاتب الذاتية على اعتبار أن العمل الأدبي عندهم هو من نتاج لاشعور مؤلفه ولذلك اتجهوا إلى تحليل شخصية الكاتب لفهم ما كتب، ولهذا نظروا إلى النص الأدبي باعتباره يحمل بين طياته القضايا الآتية:

أ ـ رد فعل عن كبت يعانيه الكاتب في حياته.

ب ـ النص الأدبي هو في أغلب الأحيان حل وسط في الصراعات القائمة بين الوعي واللاوعي.

اعتبر بعض هؤلاء النقاد أن النص الأدبي هو قناع يخفي خلفه الكاتب عقده النفسية، وتكون وظيفة الناقد إزالة القناع وجعل النص مرآة تعكس نفسية الكاتب، وبذلك تكون وظيفة التحليل النفسي الأدبي هي تحليل نفسية الكاتب، والكشف عن بنية النص، وبالتالي الكشف عن التركيبة الداخلية لنفسية كاتبه.

ولشرح هذه النظرية نورد المثال الآتي:

نحن إذا قرأنا نصا يتحدث فيه كاتبه عن معاناة بطله من الضعف والفشل اللذين يلازمانه، ونفهم من ذلك أن طفولة هذا المؤلف تركت عقدا لا تزال آثارها الحية في ذاكرته، فلا بد من الكشف عنها بالرجوع إلى طريقة عرضه لأحداث نصه.

وقال بعض النقاد إن النص الأدبي يمتلك في حد ذاته لاوعيه الخاص به، وهذا اللاوعي يختلف كليا عن لاوعي صاحبه، واستدلوا على ذلك باللغة التي تحمل في طياتها معاني تخفى على المؤلف نفسه، وبالتالي يمكن أن يكون لكل كلمة دلالات تختلف عن تلك التي يستنتجها الناقد، ويعطي هؤلاء أمثلة على دلالات الكلمة التي تشمل:

أ ـ الدلالة الذاتية التي نحصل عليها من المعجم.

ب ـ الدلالة السياقية التي نأخذها من سياق الكلام.

جـ ـ الدلالة الإيحائية، وهي المعنى الذي توحي به الكلمة للقارئ.

يرتبط لاوعي النص بجملة النصوص التي يلمح إليها من دون أن يذكرها صراحة، كالآيات القرآنية والأقوال المأثورة والشعر القديم...الخ، وتكون وظيفة التحليل مع أصحاب هذه المدرسة هي البحث عن المعاني الخفية، والدلالات الخارجة عن إرادة الكاتب.

وذهب فريق آخر من النقاد النفسانيين إلى أن اللاوعي له بنية وتركيبة تشبهان بنية اللغة وتركيبتها، ووظيفة النص عندهم ليست الكشف عن لاوعي صاحبه، وإنما أصبح النص وسيلة تمكن الناقد من الإحاطة بالجوانب الخفية للشخصية الإنسانية، ويكون النص الأدبي ـ عند أصحاب هذه المدرسة ـ بناء نفسيا يختزن الكثير من الرموز التي يستطيع من خلالها الناقد أن يقوم بتحليل ما قيل فعلا أي المصرح به، وما لم يصرح به وبقي مستورا، وما لا يمكن أن يقال ويبقى مكبوتا، ويمكننا تلخيص مبادئ هذه المدرسة في التحليل النفسي على الشكل الآتي:

أ ـ النص الأدبي مجموعة من الرموز، على الناقد كشفها وتحليلها.

ب ـ وظيفة التحليل النفسي الأدبي، هي تحليل السمات والخصوصيات النفسية للمؤلف التي تمثل نموذجا للإنسان عموما.

جـ ـ البحث عن شبكة العلاقات الضمنية داخل النص. ويتم الكشف عن الدلالات المستورة داخل النص، بتوارد الأفكار.

د ـ الأدب هو الحياة الفعلية، ولذلك يجب قراءة الحياة من خلال النص الأدبي لا العكس.

إن التركيبة النفسية للمؤلف هي الثابت الوحيد في النص، لأن الكاتب مهما بلغت براعته وقدرته الخيالية، فإنه لا بد أن يترك انطباعا واحدا خاصا به، وهذا الانطباع ما هو سوى البنية النفسية الخاصة به، ويستطيع الناقد من خلال مقارنة جميع ما كتب الكاتب من نصوص أن يكتشف هذه البنية النفسية التي يختزنها النص.

تكون وظيفة التحليل النفسي الأدبي في هذه المدرسة، هي فهم الإبداع الأدبي الذي تتداخل فيه المعطيات الفردية النفسية (الواعية)، مع المعطيات الاجتماعية (اللاوعية).

وجدنا من خلال دراستنا أن مفهوم الأدب يتمثل في كونه مرآة عقل الأديب ونفسه، أو هو صورة من صور التعبير عن النفس، ورأينا أن فرويد قد اعتبر أن الأدب والفن صور محولة عن دوافع مكبوتة في اللاشعور.

ورأى فرويد أن اللاشعور هو مصدر عملية الإبداع الأدبي، فالأديب

عصابي أو مريض نفسيا وهو يبدع أدبا وفنا كوسيلة من وسائل التسامي، لذلك كله نجد أن الأعمال الأدبية هي في جوهرها صور محولة عن الدوافع المكبوتة في اللاشعور ([1]).

إن الأعمال الأدبية هي شواهد على أن صاحبها قد أصابه المرض النفسي لأن هذه الأعمال تتضمن العقد النفسية، والتأويلات، والتخيلات الباطنية، وكل المكبوتات الطفولية... إلخ، ونتاج الأديب هو صورة عن نفسه كما أنه صورة عن تاريخ حياته.

وأكمل يونغ نظريات أستاذه، وإن كان قد تمايز عنه باللاشعور الجمعي والأنماط الأولية التي اعتبرها يونغ صورا بدائية لاشعورية، أو رواسب نفسية لتجارب ابتدائية لاشعورية لا تحصى، شارك فيها الأسلاف في عصور بدائية، وقد ورثت بطريقة ما بأنسجة الدماغ، فهي نماذج قديمة لتجارب إنسانية، وهذه النماذج هي الأساس في كل شعر وفن.

ويرتبط اللاوعي الفردي باللاوعي الجمعي، ويتعلق اللاوعي الجمعي بالملكات والميول الكامنة في الجنس البشري، وهذا المستودع من الرغبات البشرية، والميول، والعواطف، والتطلعات، والأحلام...الخ. إن كل هذا المخزون ليس جامدا بل هو كتلة من الطاقة المتحركة الهادرة التي تبحث عن آفاق تعبر من خلالها عن نفسها.

ويرى يونغ أن الفنان ليس عصابيا لأن الفنان والعصابي يكرران بالتفصيل الأساطير المستمدة من التجارب الشعائرية للإنسان البدائي، وانطلقت من هذه الآراء نظريات جديدة في الوعي الأسطوري، ثم تطورت آراء تلاميذ يونغ حتى نشأت مدرسة جديدة في النقد الأدبي، هي التي أصبحت تعرف باسم التحليل الأسطوري للأدب.

إن التحليل النفسي للأدب الذي يعتمد منهج اللاشعور في تفسيره الأعمال الأدبية، ويعتبر النص الأدبي مجرد وثيقة نفسية لا مكان فيها للنقد الجمالي

---

[1] اللاشعور/العقل الباطني/ اللاوعي... كل هذه المصطلحات هي عند فرويد مسميات لمسمى واحد.

والفني واللغوي والأسلوبي، يعاني النظرة الأحادية، ويفتقد النظرة الشمولية للعمل المبدع، كما أن هذا المنهج النفسي لا يلتفت كثيرا إلى الأعمال الأدبية الرديئة أو الجيدة، لأنهما من الناحية النفسية يمكن الاستشهاد بهما.

لقد رأينا في هذه الدراسة كيف تنوعت مناهج التحليل النفسي الأدبي، بين المنهج النفسي الذي ارتكز على تحليل النص استنادا إلى لاشعور كاتبه، وبين التحليل الذي اعتمد على النص من دون الاهتمام الكبير بكل ما هو خارج النص، وقد نتج عن هذا المنهج تطور الدراسة النفسية إلى مناهج جديدة كالألسنية، واللغوية، والجمالية، والأسلوبية، والبنيوية... إلخ.

يمثل النص الأدبي عالما قائما بذاته، وهذا النص هو مبني على طبقات، ويتألف من نصوص متزامنة معه أو سابقة عليه، وهذا ما يعبر عنه بلاوعي النص، كما أن النص الأدبي مثله مثل الكائنات الحية الأخرى أي له سلالة، فهو ينتمي إلى سلالة نصية معينة، وعند تحليل النص يمكننا ملاحظة مكوناته الأساسية التي هي مجموعة من المعاني، والأفكار التي هي جزء من مجموعة نصوص أخرى، أو إشارات إليها، أو إشارات ثقافية إلى عوالم نصية معينة إلى آخر ما هنالك من أنواع التقمص، والتجلي التي تظهر في النص الأدبي عند تحليله سواء كان ذلك على مستوى السطح الظاهر أو على مستوى الأعماق الخفية.

المصادر والمراجع

المصادر والمراجع العربية

* ابن، منظور: لسان العرب ، نسقه وعلق عليه ووضع فهارسه، علي شيري، ط1، 1988، دار إحياء التراث العربي، بيروت ـ لبنان.

* أبو شاور، رشاد: العشاق ، ط1، 1977، منظمة التحرير الفلسطينية، دائرة الإعلام والثقافة.

* إسماعيل، عز الدين: التفسير النفسي للأدب ، لا.ط، لا.ت، دار العودة، بيروت.

* بلوحي، محمد: آليات الخطاب النقدي العربي الحديث في مقاربة الشعر الجاهلي ، بحث في تجليات القراءات السياقية، ط1، 2004، منشورات اتحاد الكتاب العرب، دمشق ـ سورية.

* بونفراكز، م، وج. سانتنز: الأحلام عبر العصور (معجم تفسير الأحلام)، نقله إلى العربية: كميل داغر، لا.ط، 1983، دار النهار للنشر، بيروت ـ لبنان.

* حسين، غازي: الاحتلال الإسرائيلي وشرعية المقاومة والعمليات الاستشهادية ، ط1، 2007، اتحاد الكتاب العرب، دمشق ـ سورية.

* الحفني، عبد المنعم: المعجم الموسوعي للتحليل النفسي ، ط1، 1995، مكتبة مدبولي، القاهرة ـ مصر.

* حوراني، ألبرت: الفكر العربي في عصر النهضة (1798ـ1939) ، ترجمة كريم عزقول، ط4، 1986، دار النهار، بيروت ـ لبنان.

* حوراني، رامز: عشاق الأرض ، ط1، 1995، سابا للطباعة والنشر، بيروت ـ لبنان.

* خمري، حسين: بنية الخطاب النقدي ، ط1، 1990، منشورات وزارة الثقافة، بغداد ـ العراق.

* راجح، أحمد عزت: أصول علم النفس ، ط 12، 1979، دار التعارف، القاهرة ـ مصر.

* رزق الله، رالف: فرويد والرغبة «الحلم وهستيريا الإقلاب» ، ط1، 1986، دار الحداثة، بيروت.

* روبير، مارت: رواية الأصول وأصول الرواية ، ترجمة وجيه أسعد، ط1، 1987، اتحاد الكتاب العرب، دمشق ـ سورية.

* زراقط، عبد المجيد: الهجرة في ليل الرحيل ، ط1، 1996، حركة الريف الثقافية. لا مكان طبع.

* زهران، حامد عبد السلام: علم النفس الاجتماعي ، ط4، 1977، عالم الكتب، القاهرة.

* زيعور، علي: مذاهب علم النفس، مدخل إلى علم النفس مع قراءات ونصوص ، ط5، 1984، دار الأندلس، بيروت ـ لبنان.

* شبلي، مصطفى: أحكام الأسرة في الإسلام ، دراسة مقارنة بين فقه المذاهب السنية والمذهب الجعفري في القانون، ط2، 1977، دار النهضة العربية للطباعة والنشر، بيروت ـ لبنان.

* الشماع، صالح: مدخل إلى علم النفس ، ط3، 1978، منشورات عويدات، بيروت.

* الصالح، نضال: نشيد الزيتون، قضية الأرض في الرواية الفلسطينية ، ط1، 2004، اتحاد الكتاب العرب، دمشق ـ سورية.

* الصليبي، كمال: التوراة جاءت من جزيرة العرب ، ترجمة عفيف الرزاز، ط1، 1985، مؤسسة الأبحاث العربية، بيروت ـ لبنان.

* الضبع، مصطفى: رواية الفلاح وفلاح الرواية ، لا.ط، 1998، الهيئة المصرية العامة للكتاب.

* طرابيشي، جورج:

ـ الأدب من الداخل ، دراسات في أدب [مجموعة من الأدباء]، ط1، 1978، دار الطليعة للطباعة والنشر، بيروت ـ لبنان.

ـ الله في رحلة نجيب محفوظ الرمزية ، ط1، 1973، دار الطليعة، بيروت ـ لبنان.

ـ الروائي وبطله، مقاربة اللاشعور في الرواية العربية ، ط1، 1995، دار الآداب، بيروت ـ لبنان.

ـ شرق وغرب ، رجولة وأنوثة، دراسة في أزمة الجنس والحضارة في الرواية العربية، ط4، 1997، دار الطليعة، بيروت ـ لبنان.

ـ لعبة الحلم والواقع ، دراسة في أدب توفيق الحكيم، ط1، 1972، دار الطليعة، بيروت ـ لبنان.

* طنوس، جان:

ـ أساطير الجسد والتمرد ، ط1، 1999، دار الحداثة، بيروت ـ لبنان.

ـ توفيق يوسف عواد، دراسة نفسية في شخصيته وأدبه ، ط1. 1994، دار الكتب العلمية، بيروت ـ لبنان.

ـ قراءة نفسية في أدب إملي نصر الله ، ط1، 2002، دار الكتب الحديثة، بيروت ـ لبنان.

* عبده، سمير:

ـ التحليل النفسي لروائع الأدب العالمي ، ط1، 1986، دار النصر، بيروت ـ لبنان.

ـ مشكلات الإنسان في التحليل النفسي ، ط1، 1982، دار الآفاق، بيروت ـ لبنان.

* عبود، حنا: النظرية الأدبية الحديثة والنقد الأسطوري ، ط1، 1999، منشورات اتحاد الكتاب العرب، دمشق.

* عصفور، جابر: آفاق العصر ، ط1، 1977، دار المدى، دمشق ـ سورية.

* عقاد، عباس محمود: أبو النواس الحسن بن هانئ ، لا.ط، دار الهلال، القاهرة.

* عيد، يوسف: المدارس الأدبية ومذاهبها ، ط1، 1994، دار الفكر اللبناني، بيروت ـ لبنان.

* فانون، فرانز: سوسيولوجيا ثورة ، ترجمة ذوقان قرقوط، ط1، 1970، دار الطليعة، بيروت ـ لبنان.

* فروم، إريك:

ـ الخوف من الحرية ، ترجمة مجاهد عبد المنعم مجاهد، ط1، 1972، المؤسسة العربية للدراسات، بيروت ـ لبنان.

ـ فن الإصغاء ، ترجمة محمود منقذ الهاشمي، ط1، منشورات اتحاد الكتاب العرب، دمشق.

ـ اللغة المنسية ، ترجمة محمود منقذ الهاشمي، ط1، 1991، منشورات اتحاد الكتاب العرب، دمشق.

* فرويد، أنا: الأنا وميكانزمات الدفاع ، ترجمة صلاح مخيمر وعبده ميخائيل رزق، لا.ط، مكتبة الأنجلو المصرية، القاهرة.

* فرويد، سيغموند:

ـ أفكار لأزمنة الحرب والموت ، ترجمة سمير كرم، ط2، 1981، دار الطليعة، بيروت.

ـ ثلاثة مباحث في نظرية الجنس ، ترجمة جورج طرابيشي، ط1، 1981، دار الطليعة، بيروت.

ـ خمس حالات من التحليل النفسي ، ترجمة صلاح مخيمر وعبده ميخائيل رزق، لا.ط، 1979، مكتبة الأنجلو المصرية، القاهرة.

ـ الطوطم والحرام ، ترجمة جورج طرابيشي، ط1، 1983، دار الطليعة ـ بيروت.

ـ قلق في الحضارة ، ط3، 1982، ترجمة جورج طرابيشي، دار الطليعة ـ بيروت.

ـ مسائل في مزاولة التحليل النفسي ، جورج طرابيشي، ط1، 1981، دار الطليعة، بيروت.

ـ مستقبل وهم ، ترجمة جورج طرابيشي، ط2، 1979، دار الطليعة ـ بيروت.

ـ موسى والتوحيد ، ترجمة جورج طرابيشي، ط3، 1979، دار الطليعة ـ بيروت.

ـ نظرية الأحلام ، ترجمة جورج طرابيشي، ط4، 1988، دار الطليعة ـ بيروت.

* فضل الله، إبراهيم: المقاومة في الرواية العربية ، دراسة تحليلية لقضايا المقاومة في السرد العربي في الربع الأخير من القرن العشرين، ط1، 2009، دار الهادي، بيروت ـ لبنان.

* فضل الله، حسن: حرب الإرادات ، صراع المقاومة والاحتلال الإسرائيلي في لبنان، ط1، 1997، دار الهادي، بيروت ـ لبنان.

* فلوجل، ج.ل: علم النفس في مائة عام ، ترجمة لطفي فطيم، مراجعة الدكتور السيد محمد خيري، ط3، 1979، دار الطليعة والنشر، بيروت ـ لبنان.

* القعيد يوسف:

ـ الحرب في بر مصر ، ص5، 1991، مكتبة مدبولي، القاهرة ـ مصر.

ـ في الأسبوع سبعة أيام ، ط2، 1992، مكتبة مدبولي، القاهرة ـ مصر.

* كنفاني، غسان:

ـ الأعمال الكاملة ، ط3، 1986، مؤسسة الأبحاث العربية، بيروت ـ لبنان.

ـ رجال في الشمس ، ط2، 1980، مؤسسة الأبحاث العربية، بيروت ـ لبنان.

* الماضي، شكري عزيز: في نظرية الأدب ، ط1، 1986، دار الحداثة، بيروت ـ لبنان.

* محسن، هاشم، وآخرون: المقاومة الوطنية اللبنانية ، انطلاقتها، واقعها وآفاق تطورها، ط2، 1984، الدار اللبنانية، لا مكان.

* الملحم، إسماعيل: التجربة الإبداعية في سيكولوجية الاتصال والإبداع ، ط1، 2003، منشورات اتحاد الكتاب العرب، دمشق ـ سورية.

* مينه، حنا:

ـ حارة الشحادين ، ط1، 2000، دار الآداب، بيروت ـ لبنان.

ـ صراع امرأتين، ط1، 2001، دار الآداب، بيروت ـ لبنان.

* نجم، خريستو: في النقد الأدبي والتحليل النفسي ، ط1، 1991، دار الجيل، بيروت ـ لبنان.

* نعمة، رجاء: صراع المقهورين مع السلطة ، دراسة في التحليل النفسي لرواية الطيب صالح، موسم الهجرة إلى الشمال ، ط1، 1986، لا.ط، لا دار، لا مكان.

* نويل، جان بلامان: التحليل النفسي والأدب ، ترجمة عبد الوهاب ترو، ط1، 1996، منشورات عويدات، بيروت ـ لبنان.

* هومبيرت، إيلي: كارل غوستاف يونغ ، ترجمة وجيه أسعد، ط1، 1991، وزارة الثقافة، دمشق.

* وادي، طه: الرواية السياسية، ط1، 2003، الشركة المصرية العالمية للنشر، لونجان، الجيزة ـ مصر.

* يونغ، كارل غوستاف:

ـ الدين في ضوء علم النفس ، ترجمة نهاد خياطة، ط1، 1998، دار العربي، دمشق.

ـ علم النفس التحليلي ، ترجمة نهاد خياطة، ط1، 1985، دار الحوار، اللاذقية.

المصادر والمراجع الأجنبية

* Baudouin charles, Psychanalyse de victor Hugo, édition Armand Colin, Paris, 1977.

* Betelheim, Bruno, Psychanalyse des Contes de Fées Editions Robert Laffont, Paris, 1976.

* Bellemin, Noël, Jean, Vers l'inconscient du texte édition PUF, 1979.

* Bonaparte, Marie Edgar Poe, édition Kdenoel et steel, Paris, 1933.

* Frey, Roger, the artist and Psycho-analysis, édition Hagart-press, lindres, 1925.

* Racine, Andromaque, tragé, die, librairie Larousse, Paris.

* La Fargue, René, L'echec de Baudlaire, Demoël et steele, Paris, 1931.

* Mauron, Charles, L'inconscient dans l'oeuvre et la vie de Racine, librairie, José, Paris, 1969.

* Mauron, Charlse, Des Metaphores obsédantes, au mythe personnel, Armand, Colin, 1972.

* Yuong, Problémes de l'âme moderne, édition Armand Colin, Paris, 1977.

المحتويات

الباب الثاني
مدارس التحليل النفسي الأدبي

الباب الثالث

نصوص تطبيقية في التحليل النفسي